武道を
たずねて

武道教育への活用

編著
出口 達也・金 炫勇・瀬川 洋

大学教育出版

まえがき

　平成24 (2012) 年に中学校で武道が必修化されてから5年が経ちました。必修化された当初、賛否両論のある中、学校教育における武道教育の在り方や必要性が議論され、再確認されたことは、非常に意味のあることであったと考えます。必修化された当初は、多くの中学校に道場ができ、柔道着や竹刀といった用具が揃えられ、また、いたるところで武道の指導者講習会、技術講習会が盛んに行われるなど、ハード面、ソフト面ともに充実が図られました。

　それから5年の月日が経過した今日、その熱は徐々に冷めつつあり、様々な面が形骸化し、武道が必修化となった本来の意義や目的が薄らいできているように感じられます。そこで、今一度、学校体育、学校教育の場面に必要な武道の意義、特に武道の教育的な意義について改めて学びなおす必要があると考えました。

　武道必修化といっても、実際の授業で行われている種目は柔道、剣道、相撲といった一部であり、その他の種目は指導者が少ないことや、認知度の低さといった理由で採用されていないのが実情であります。武道の競技的、教育的な良さを学校教育の場面のみならず広く世に広めていくうえでも、我々武道の専門家や武道関係者が、ひとつの種目だけでなく、他の種目、他の武道を深く知ることが必要であると考えました。

　本書は、複数の著者（教育者や武道専門家）がそれぞれの専門種目および分野から武道の精神、教育的な意義、さらには技術的な部分を著者ならではのユニークさを発揮して、分担執筆したものです。

　本書は、なるべく多くの人に武道の精神、教育的な意義、さらには技術的な部分を知っていただくことを目的としました。また、武道家同士の相互の学び合いや理解を深めることにより、競技としてのみならず、日本文化としてさらなる発展に寄与するものになることを期待しています。

最後に、本書の出版にあたって、多大なるご尽力をいただいた大学教育出版の代表取締役の佐藤守氏、および編集者の方々に感謝申し上げます。

2017 年 11 月

　　　　　　　　　　　　　　　　　　　　　　　　　　　　　　出口達也

武道をたずねて
―武道教育への活用―

目　次

まえがき ………………………………………………………… 出口　達也…*i*

第1章　武道教育に求められるもの ……………………………… 金　炫勇…*1*
 1．グローバル時代の武道教育　*1*
 2．アイデンティティの確立　*3*
 3．外国人が武道から求めるもの　*5*
 4．武道の普遍的な価値体系　*8*
 5．武道教育で求められるもの　*11*
 6．武道伝書の教材的活用の可能性　*15*
 7．武道授業への取り組み　*18*

第2章　柔道の教育的価値（1） ………………………………出口　達也…*22*
 1．柔道の意義　*22*
 2．「教材柔道」としての柔道　*25*

第3章　柔道の教育的価値（2） ………………………………… 瀬川　洋…*31*
 1．柔道の創始者「嘉納治五郎」　*31*
 2．「講道館柔道」の設立　*33*
 3．嘉納師範の海外渡航　*34*
 4．教育者嘉納治五郎　*35*
 5．オリンピックと嘉納治五郎　*36*
 6．「精力善用」と「自他共栄」　*38*
 7．柔道の修行法　*39*
 8．「形」「乱取」　*39*
 9．「国士」に始まる機関紙「柔道」　*41*
 10．柔道あれこれ　*41*
 11．柔道の国際化　*46*

目　次 v

第4章　剣道の教育的価値 ……………………………………… 金　炫勇…49
1. はじめに　*49*
2. 古代の剣術　*50*
3. 中世の剣術　*53*
4. 近世の剣術　*54*
5. 近代の剣道　*63*
6. 現代剣道　*68*
7. 剣道の教育的価値　*72*

【コラム①】：韓国の弓道紹介（羅　永一）　*77*

第5章　相撲の教育的価値 ……………………………………… 大川　真弘…87
1. 相撲の歴史　*87*
2. 相撲の現状　*92*
3. 相撲の特性　*93*
4. 相撲の技術　*94*
5. 教育現場での実践 ─ 武道必修化と相撲の授業 ─　*103*
6. 指導者として　*109*

第6章　空手道の教育的価値 …………………………………… 林　楯夫…112
1. 唐手から空手へ　*112*
2. 流派について　*116*
3. 競技空手　*117*
4. 競技規定についての考察　*118*
5. 空手道を学ぶ態度　*122*

【コラム②】：空手道の「糸洲十訓」について（林　楯夫）　*127*

第7章　合気道の教育的価値 …………………………………… 金　釸瞰…131
1. 合気道の成立と大東流合気柔術との関係　*131*
2. 植芝盛平の自立と合気道の成立過程　*136*

3. 合気道の技術原理と技術体系　　*143*
　　4. 合気道の教育的価値　　*146*

第8章　少林寺拳法の教育的価値 …………………………… 佐藤　秀幸…150
　　1. はじめに　　*150*
　　2. 少林寺拳法の創始の動機と目的　　*151*
　　3. 少林寺拳法の特徴　　*153*
　　4. 少林寺拳法の修練　　*155*
　　5. 指導のあり方　　*158*
　　6. 少林寺拳法の教育的価値　　*160*
　　7. おわりに ― 将来に向けて　　*162*
　　　「会報 少林寺拳法」に掲載されたインタビュー記事（抜粋）　*164*
　　　2016年度の主な宗道臣デー活動　　*168*
　　　宗道臣語録（抜粋）　　*174*
　　【コラム③】：少林寺拳法の武道への活用（佐藤　秀幸）　*183*
　　【コラム④】：杖道について（マーク・タンコシッチ）　*191*

第9章　武道をどう生きるか ……………………………………… 金　炫勇…196
　　1. 嘉納治五郎の実践　　*196*
　　2. 高野佐三郎の実践　　*200*
　　3. 野間清治と野間道場　　*201*
　　4. 武道精神と野球　　*202*

おわりに ……………………………………………………………… 出口　達也…206

執筆者一覧 ………………………………………………………………………… *207*

武道をたずねて
―武道教育への活用―

第1章
武道教育に求められるもの

1. グローバル時代の武道教育

　近年、グローバリゼーションという考え方は、政治、社会、経済、文化だけではなく、教育の分野においても広がりをみせています。平成元（1989）年、ベルリンの壁の崩壊とともに冷戦時代が終わり、世界が新しい価値体系を必要としたときに生まれたのが、グローバリゼーションという考え方です。最初は経済活動において国家などの境界を越えて交流することだったのですが、しだいに政治、社会、経済、文化、教育など、さまざまな分野に広がり、やがて世界は「地球村」といわれるようになりました。むろん世界のあちこちではまだ紛争や葛藤が続いており、不安にさせる要素も少なくありません。しかし、その紛争や葛藤はわれわれと全く関係がない隣の村の火事ではありません。世界はなにかしらの縁でつながっています。たとえば、ある国に工場を建てたり投資をしたりしている身内や知り合いがいるかもしれません。また自分が所属している学校や組織がどこかの国にある学校や組織と交流しているかもしれません。このようにさまざまな理由で世界は密接につながっています。
　筆者は今の時代ほど平和な時期は歴史上なかったと思います。今の時代と江戸時代を比べてみると、江戸時代は厳しい身分制度があり、封建制度が社会を支配していました。生まれた時点で身分が決まり、その身分として最後まで生きる自分を考えてみると、今の時代に生まれたことに感謝します。西洋史をみても東洋史をみても、今ほど平和な時期はあったでしょうか。過去の世界史の

中でも個人がここまで自由に生きる時代はなかったでしょう。周知のとおり、平成20（2008）年3月、中学校学習指導要領の改訂が行われました。今回の改訂について文部科学省が示している「改訂の経緯」をみると、教育のグローバル化へのねらいは次のとおりです。

　　21世紀は、新しい知識・情報・技術が政治・経済・文化をはじめ社会のあらゆる領域での活動の基盤として飛躍的に重要性を増す、いわゆる「知識基盤社会」の時代であると言われている。このような知識基盤社会化やグローバル化は、アイディアなど知識そのものや人材をめぐる国際競争を加速させる一方で、異なる文化や文明との共存や国際協力の必要性を増大させている。このような状況において、確かな学力、豊かな心、健やかな体の調和を重視する「生きる力」をはぐくむことがますます重要になっている。

　新しい改訂では、知識基盤社会とグローバル化社会を生きる新たな日本人の育成が教育の焦点になっています。特に、今回の改訂では武道とダンスが必修化され、平成24（2012）年度から完全実施されています。武道の場合は、学校教育として60年ぶりの復活で、今回の改訂では「我が国固有の文化という特性を生かした授業や武道の伝統的な考え方を理解させる授業を積極的に取り込む」ことが強調されています。つまり、新しい武道教育は、従来の武道教育とは違う学習内容に取り組まなければならないのです。ただし、体育分野の目標および内容との関係からみれば、指導内容の体系化と発達の段階については具体的に示されていますが、「我が国固有の伝統と文化」とは何か、それをどのように伝えていくのか、これらについては何も示されていません。そのため、必修化された武道の領域の何をどう伝えたらいいのか、教育現場では試行錯誤が続いています。

2. アイデンティティの確立

　なぜ、武道が60年ぶりに必修の領域として復活したのでしょうか。その動きはおよそ20年前からみられます。平成元（1989）年に改訂された学習指導要領では、「格技」と表記されていたのが「武道」として改められることになりました。その「改訂の趣旨」に②「格技」の領域については、名称を「武道」に改め、我が国固有の文化としての特性を生かした指導ができるようにすること、と明記されました。つまり、「我が国固有の文化」という内容が初めて示されました。その後、平成10年（1998）年に改訂された学習指導要領では、「武道については、我が国固有の文化に触れるための学習が引き続き行われるようにする」ことが明記され、また平成20（2008）年に改訂された学習指導要領では、「その学習を通じて我が国固有の伝統と文化に、より一層触れることができるよう指導の在り方を改善する」ことが明記されました。つまり、今回の改訂では、従来の学習内容に、さらに武道の「伝統」および「文化」を取り入れて武道学習を展開することが義務付けられています。

　なぜ、武道が「格技」から名前を変え、「伝統」と「文化」を強調することになったのでしょうか。その根本的な理由は何でしょうか。20年ほど前、「格技」から「武道」へと名称を変え、「我が国固有の文化」を強調するきっかけになったといわれる話があります。世界がますます国境を越え、グローバル化に向かって走りだす中、欧米に留学した日本人が留学先で体験した話です。

　その前に、まず日本武道が世界で注目されるようになったきっかけについて考えてみましょう。日清戦争と日露戦争のとき、日本兵がみせた精神力は日本武道が注目されるきっかけになりました。日本人の精神力の根底に対する興味・関心が高まる中、新渡戸稲造（1862-1933）が著した『武士道』（1899）によって、日本武道は「武士道」と表徴され、日本文化の一つとして世界に広く知られるようになりました。

　そして、戦後、欧米では日本を理解する手掛かりとして「サムライ」や「武士道」に関する書籍やドキュメンタリーなどが大流行し、英語訳された日本

の武道関連書籍を読む人が増えました。当然、日本の文化に高い興味・関心を持っている欧米人は、留学してきた日本人に自分が読んだ本について話したくなります。しかも、疑問を抱いていた武士道精神やその哲学について聞く人もいるでしょう。少年時代から哲学や神学を学校や教会で学んできた欧米人にとってはあたりまえの質問です。しかし、留学に来た日本人のほとんどはそれに答えられなかったのです。これまで学校や社会で日本武道の精神や哲学について触れたことがなかったので、あたりまえの結果ではありますが、寂しい話です。そこで、ようやく日本人としてのアイデンティティを自覚することになり、「我が国固有の文化である武道って何だろう」「武道の精神や哲学って何だろう」ということを問いかけるようになりました。このような話は、当然、日本の教育界の耳にも入り、アイデンティティ確立の重要性を認識するきっかけの一つとなりました。

　武道の必修化の経緯をみると、どのような武道教育を目指すべきか、どのような指導内容を追加するべきかが明らかになります。平成18（2006）年12月22日、教育基本法が全面的に改正され、新しい教育基本法は理念法としての性格が後退し、教育に対する国家権力を拡大・強化する法律となりました。これと関連して学校教育法も改正され、教育基本法の第二条「教育の目標」に示された条項をより具体化して、新たに「義務教育の目標」が定められます。その第26条の（3）に、「我が国と郷土の現状と歴史について、正しい理解に導き、伝統と文化を尊重し、それらをはぐくんできた我が国と郷土を愛する態度を養うとともに、進んで外国の文化の理解を通じて、他国を尊重し、国際社会の平和と発展に寄与する態度を養うこと」が明記されました。そして、教育基本法ならびに学校教育法の改正をうけて、平成20（2008）年1月17日、中央教育審議会から「幼稚園、小学校、中学校、高等学校及び特別支援学校の学習指導要領の改善について」が答申されました。その答申の「7．教育内容に関する主な改善事項」の「(3) 伝統や文化に関する教育の充実」に、「国際社会で活躍する日本人の育成を図る上で、我が国や郷土の伝統や文化を受け止め、そのよさを継承・発展させるための教育を充実することが必要である。世界に貢献するものとして自らの国や郷土の伝統や文化についての理解を深め、尊重

する態度を身に付けてこそ、グローバル化社会の中で、自分とは異なる文化や歴史に敬意を払い、これらに立脚する人々と共存することができる」という改善事項が明記されました。つまり、グローバル化する社会にあって、民族固有の伝統や文化を学習することは日本および日本人のアイデンティティを確立する上でたいへん重要なことであるという認識に立って、積極的に各教科・科目等へ導入されるように求められたのです。

　グローバル化すると、我が国という狭い概念はなくなると思われがちですが、自分が生まれ育った国や文化はより大事になってくるものです。海外に長期滞在した経験がある方は納得できると思います。日本に住む韓国生まれの筆者の場合、朝鮮の歴史について聞かれるときがしばしばあります。近代史でも現代史でもなく古代史や中世史を聞かれます。そのようなことがきっかけとなり、これまでに何度か朝鮮の歴史について講義・講演をしたこともあります。その時、韓国にいる間、もっとしっかり母国の歴史や文化について勉強すればよかったと後悔しました。グローバル化社会というのはさまざまな文化が集まり、互いに知らなかった相手の文化について分かち合い、そして理解し合う交流の場です。だからこそ、民族固有の伝統や文化を学習することは日本人としてのアイデンティティを確立する上で大変重要なことです。

3. 外国人が武道から求めるもの

　話題を日本から海外に広げてみましょう。長い歴史と伝統に培われてきた日本武道は今や世界中に広がり、多くの人々に親しまれています。日本武道は、確かに抽象的な要素が多いにもかかわらず、現在新たなグローバルスケールで、国籍を問わず、世界各国の人々に愛されています。日本の伝統文化の中でも、最も世界中へ普及しているのは武道であると言っても過言ではないでしょう。

　なぜ、日本武道は、そこまで世界に広がったのでしょうか。海外の人は、いったい武道の何に魅了されたのでしょうか。ここで興味深い話を紹介します。『剣道日本』という雑誌に紹介された記事です。

2007年ごろから、ハンガリー共和国の地方自治開発省スポーツ局が、面白いプロジェクトを始めました。これは、武道を青少年の道徳教育に活用しようというものです。ハンガリーを含む東欧諸国は、共産主義から急激に自由主義経済になり、社会全体にお金だけが価値があるものであるかのような風潮が蔓延し、青少年の道徳意識が極端に低下しているといいます。こういった現状から脱却すべく、政策として武道を活用しようというのです。具体的には、スポーツ局から武道文化フォーラムというNPO法人に、武道をハンガリーの青少年育成プログラムに利用する有効性についての調査が依頼され、日本との連携のもとに実施されました。また対象となる武道種目も絞り込まれ、ストリート・ファイトや商業主義に直結するような競技は排除され、剣道はその中に選ばれました。その後、政局が混乱し、大臣や直接の担当者が辞任するなど、プロジェクト自体は頓挫しています。しかし、遠く東欧において剣道が、青少年の道徳教育に資するものとして取り上げられたということ自体が注目に値すると思います。このことは、先ほどあげた文化性のギャップもありながら、なおそのうえで、グローバル化した剣道のもつ可能性がかいま見られるように思います。

　結果的には、プロジェクト自体は中止されましたが、東欧において剣道が青少年の道徳教育に資するものとして取り上げられたということは、日本武道が持つ価値や可能性について考えさせられる事例です。よって、武道研究家のアレキサンダー・ベネット氏は、日本の文化輸出品の中で最も成功しているは日本の武道だといっています。そして、「外国人が武道を始める動機や目的」を8つに分けています。

① 競技スポーツとして
② 格闘技術・護身術として
③ 健康法として
④ 日本文化として
⑤ 第2次世界大戦中もしくはそれ以前、日本政府に強制されて
⑥ サムライ・スピリットを身につけて経営やビジネスの戦略に活かすため
⑦ 精神修養や人間形成のため

⑧ 教的な覚醒につながるプロセスとして

　特に「サムライ・スピリットを身につけて経営やビジネスの戦略に活かすため」「精神修養や人間形成のため」「宗教的な覚醒につながるプロセスとして」などの理由が外国人、特に西洋の剣道愛好家が武道を続ける大きな理由であると述べています。その要因について、「武道に精神的な充足感を求める人が増えてきているのは、とくに欧米やオセアニア（西洋人社会）の場合、人々の『キリスト離れ』あるいは『教会離れ』が一つの要因だと考えられる」と述べています。この説明を聞くと、なぜ、ハンガリー共和国が青少年の道徳教育として自分らの文化や習慣とは異なる日本武道を取り入れようとしたのかが理解できます。

　次に韓国が剣道から求めているものを紹介します。「韓国にも剣道ってあるの？」と思われる方もいると思います。世界剣道連盟の他の加盟国は、第二次世界大戦中もしくはそれ以前、大日本武徳会及び特定の個人によって紹介されたのに対して、韓国（当時、大韓帝国）の場合は、明治29（1896）年、治安維持を目的として設立した警務庁の教習科目として自ら導入しています。

　筆者は韓国青年を対象に「剣道に対する意識調査」をしたことがあります。韓国青年2,026名を対象に「経験なし」「授業だけ」「経験あり」など経験度別に分けて考察したところ、「剣道はスポーツか武道か」という項目について、韓国青年は剣道をスポーツ的にも武道的にも捉えており、経験度が増すにつれて武道的に捉える傾向が高くなっていました。また矛盾する結果ですが、剣道を武道として捉える者も「剣道のオリンピック種目化」については大いに賛成しています。いや、賛成するどころか「必ず、オリンピック種目になってほしい」と願う者が多いのです。このような結果から、「剣道の黒船 — 韓国」ともいわれています。この解釈には、韓国の出方次第で剣道がより一層スポーツ化するか、あるいは武道として存続されるかが決まるという考え方が反映されています。しかし、筆者は、韓国剣道界によって剣道がスポーツ化してしまうとは思いません。なぜなら、韓国青年は、剣道の武道的な特性（伝統）は守られてほしいとの考え方が強く、剣道の歴史・思想・哲学などに高い興味や関心を

示しているからです。

　以上のようにヨーロッパの武道愛好家や韓国で剣道を学ぶ者は、武道の伝統・文化的特性を精神性や思想性（哲学）として考えています。実際の技術指導、稽古、試合の中で、武道の精神性や思想性（哲学）といった課題をどのように表現・評価し、どのように普及していくべきか、そのための具体的な方法論や目標が国際的な舞台上で議論されるべきだと思います。

4. 武道の普遍的な価値体系

　今日、日本武道は世界のほとんどの国に普及しています。武道の中でもっとも普及率が高いのは柔道で、世界199か国・地域（2007年9月IJF総会）で行われています。武道という言葉はすでに世界共通語になっているといっても過言ではないでしょう。
　筆者のエピソードを紹介します。
　平成12（2000）年、エジプトへ研修に行ったことがあります。宿泊したのはカイロ市内のあるホテルで、なるべく夜は外に出ないようにといわれましたが、好奇心が強かった私は、夕食の後、カメラをもって夜の散歩に出かけました。一人はちょっと怖かったので、テコンドー4段の親友を誘って一緒に出かけました。近所を少し散歩し、コーヒーくらい飲んで帰るつもりでしたが、夜の市場にも興味が湧きました。そしてタクシーに乗って、夜の市場に少し足をふみ入れたところ、エジプト人につかまり、知らないところにどんどん連れて行かれました。言葉は分かりませんでしたが、彼らはいらない品物をもってきて、「金を出せ」とおどしているようにみえたので、取りあえず二人はもっていたお金をすべて出しました。すると、すぐお金を取られました。しかし、金額が少なかったのか、帰らせてくれないのです。恐怖心が膨らむそのとき、彼らの親分にみえる20代後半の男性が現れました。私たちの顔をみた彼は、いきなり「JUDO、KENDO」と聞きました。その瞬間、「この人は日本武道に興味があるんだ。もしかしたら逃げ道はあるかもしれない」と思った私は、「私は剣道、こちらはテコンドー」と答えました。すると、彼はどこに用意してい

たのか、日本刀を持ってきました。まさかエジプトに日本刀があるとは思わなかったのです。殺されると思ったのですが、彼は私に日本刀をもたせ、居合を要求してきました。居合を少し習っていたのでそれを披露し助かったのです。テコンドー4段の親友もテコンドーを披露しました。どういうわけか私たちは彼らに剣道とテコンドーを教えることになりました。2時間程度経過した後、親分は奪ったお金を返してくれました。さらに、プレゼントもたくさんくれました。帰りのタクシーの中で、私たちは武道を通して一つになり、武道について語り合えたことを喜びました。怖かったけれども、忘れられない経験です。これは武道がもつ不思議な力ではなかろうかと思います。

　筆者は剣道4段で、イタリア留学中にもローマの道場で剣道を指導したことがあります。4段で指導というと恥ずかしいのですが、イタリア人の友人からの依頼もあって、仕方なくそのような立場になってしまったのです。イタリア人と接しながら、武道のあり方について感じたことを少し述べます。

　ローマで剣道大会があったある日、筆者は大会の審判をすることになりました。大会が終わり、市内で飲み会をしていたのですが、試合の判定について不満を持っている人が多く、口論となりました。その時、「武道を競技として普及させようとすると、和を保つことがむずかしいこと」「本来の武道のあり方が崩れてしまうこと」に気づきました。

　剣道は3年おきに、世界選手権が開かれていますが、世界選手権の試合結果の話になると、「同じ剣道なのに判定の見方がこんなに違うんだ」と実感します。日本選手、イタリア選手、韓国選手の判定は三人三色（十人十色の意、日本選手、イタリア選手、韓国選手の判定がそれぞれに異なること）で、話がまとまりません。いったい、問題はどこにあるのでしょうか。一次的な問題は剣道のルールや判定のあり方にあります。また「財政の問題だ」という指摘もあります。つまり、十分なお金をかけて、国際審判の質をあげれば解決できるという考えです。しかし、問題はそれだけではありません。武道が試合という形式をとっており、「勝ち負け」にこだわる限り、永遠に続く課題なのです。このままでは日本武道が提唱する「人間形成の道」「武道を通して世界の平和に貢献する」という目標は達成できないでしょう。

もう一度、先ほどの口論の話に戻りましょう。口論は激しさをみせ、あきれて帰ってしまった人もいました。その一方で、半分の人は残って武道について話を続けました。話は徐々に理想的な武道のあり方へと変わり、先ほどまで口論していた者も今後の武道のあり方について意見を交わしたのです。中には、日本の武道伝書の話をする人もいました。宮本武蔵や柳生宗矩など、日本の剣豪の話から沢庵和尚の話まで武道に関する話はバリエーション豊かでした。いったい、どこからこのような知識を得たのかは分かりませんが、彼らがさまざまな知識を持っていたことに驚きました。筆者は、そこで、武道伝書の一つである『猫之妙術』を用いて武道のあり方について話をしました。『猫之妙術』は武道伝書でありますが、猫が主人公の寓話形式のため、その場にいた人は、皆が分かりやすいと大興奮しました。われわれは『猫之妙術』を通して「和」になる経験をしたのです。筆者は、その日、人間は考える存在であること、そしてより高い人間性を追求する存在であることに気づきました。その日、いつか『猫之妙術』をイタリア語に訳すと約束しましたが、いまだに実現できていません。

　もう一つのエピソードも紹介しましょう。筆者は韓国の大学生の頃、剣道部に所属していました。哲学と神学を専攻していたのですが、頭の中にあるのは剣道のことばかりで、勉強より剣道部中心の生活を送っていました。剣道大会が終わると、必ず、食事を兼ねた反省会がありました。話の内容は、当然、当日の試合の結果や判定から始まりますが、内容は試合からだんだん、武道の本来のあり方や武道思想の世界にまで話題は広がります。すると、われわれは先生や先輩たちから聞いた日本の剣豪たちの話や耳にしたことのあるあらゆる断片的な武道語録を取り上げ、自分なりの解釈をしながら武道の世界について語り合い、話はなかなか終わりをつげないことがよくありました。そして、食事が終わり、帰る頃には不思議と「よし、明日からまた剣道を頑張ろう」という気持になるのです。武道思想について話し合いながら互いに心が通じ合った、理解し合ったという気分になったものです。

　平成18（2006）年に韓国の全国体育大会（日本の国体）の後、国体に出場していた剣道選手たちと遅くまで話をしたことがあります。もちろんそこでも

話は国体の試合結果や判定の問題点から始まりました。彼らにとって国体の結果はサバイバルな問題です。国体の試合結果が所属している実業団の存続に影響を与えるからです。日本では理解しにくい話ですが、国体の結果は、来年度の年俸や所属団体（市庁や区役所および会社）の存続にかかわる非常に大事なことです。韓国の国体でも試合の判定が何人かの人を興奮させ、涙を流させることにもなります。

　つまり、国体は一場の悲喜劇になります。彼らとの話題は次第に剣道のあるべき姿へと転換しました。ある人が昔の剣豪たちの精神世界について語り始めると、それについてそれぞれ自分の意見を述べ始めます。彼らの中には韓国代表選手もいて、国際大会の経験が多いだけに話の質も高く、武道家として正しく生きようとする修行者としての姿勢さえ感じました。判定の結果に不満を持って、剣道をやめたいと泣いていた人もすっかりそれを忘れて盛り上がっていきます。つまり、武道の普遍的な価値体系について語り合いながら「和」になったのです。試合のルールも判定も道具も、時間とともに変わるものです。400 年前の剣術のルールと今の剣道のルールは比較できないものです。

　しかし、思想性というものは時空を超え、現在と語り合える力を持っています。なぜなら、思想性には人の悩み、自己省察、哲学、心理が潜んでいるからです。2 千年前のギリシャの哲学が、今日の人々にも共感をもたらすことと同じです。武道は「正しく生きる」ことを目標として掲げています。武道にも普遍的な価値体系がありますし、われわれはそれを勉強する必要があるのです。

5．武道教育で求められるもの

　今日、武道の国際化に伴い、従来の学校武道における学習内容の改変が強く求められています。日本が武道を世界に普及し、その目的を「人間形成の道」として示している以上、従来の技能中心の学習内容を変えざるを得ません。昭和 62（1987）年 4 月、日本武道協議会によって提唱された「武道憲章」には武道教育の本来のあり方が示されています。

武道は、日本古来の尚武の精神に由来し、長い歴史と社会の変遷を経て、術から道に発展した伝統文化である。かつて武道は、心技一如の教えに則り、礼を修め、技を磨き、身体を鍛え、心胆を錬る修業道・鍛錬法として洗練され発展してきた。このような武道の特性は今日に継承され、旺盛な活力と清新な気風の源泉として日本人の人格形成に少なからざる役割を果たしている。いまや武道は、世界各国に普及し、国際的にも強い関心が寄せられている。我々は、単なる技術の修錬や勝敗の結果にのみおぼれず、武道の真髄から逸脱することのないよう自省するとともに、このような日本の伝統文化を維持・発展させるよう努力しなければならない。ここに、武道の新たな発展を期し、基本的な指針を掲げて武道憲章とする。

　その後、平成元（1989）年に日本の学校体育において「格技」から「武道」へとその名称を変えるのですが、田中らは「今日の社会情勢・教育情勢の中で、あえて武道に教育的意義を認めるのであれば、武道の本質・特性を最大限に発揮すべく、徹底改革がなされなければならないはずである。その取り組みのないままに、学校体育に武道の名を復活させたことでどれほどの意味があるのかとなれば、否定的立場を取らざるをえないのである」と現況の剣道学習内容について指摘しています。

　そして、平成20（2008）年の改訂では、その内容が明記されています。中学校学習指導要領の「運動に関する領域」をみると、学習内容を「技能」「態度」「知識、思考・判断」の三項目に分け、それぞれの到達目標を明記しています。「技能」や「態度」についてはすでに立派な指導指針が示されています。しかし、「知識、思考・判断」をどのように伝えるかが課題で、文科省は「知識、思考・判断」の到達目標として、「(3)　武道の特性や成り立ち、伝統的な考え方、技の名称や行い方、関連して高まる体力などを理解し、課題に応じた運動の取り組み方を工夫できるようにする」と明記しています。

　つまり、今日の武道を成立させた身体観や技術観の伝統的な理論（思想、精神）や歴史などを学習内容の中に取り入れなければなりません。言い換えれば、伝統に基づいた武道の思想、精神、哲学などを武道の学習内容の一部として導入するべきであることを明記しています。

以上のような国際社会からの要請、学習指導要領のねらい、有識者たちの指摘から考えると、武道の学習内容は技能や態度（礼儀）のみならず、理論（思想、哲学）、歴史なども含まなければなりません。武道を学ぶ者はそれらの相乗効果によって人格形成がなされるからです。特に礼儀作法が人格形成につながるものとして強調されており、保護者たちがわが子に武道を習わせる一番大きな理由になっています。さらに海外の武道愛好家が武道を魅力的に考える大きな要因の一つでもあります。

しかしながら、礼儀作法が形式的・外面的に流れてしまうとその逆効果も懸念されます。礼儀作法が本来、儒教に由来するものであることを忘れてはなりません。儒教は「徳」に至る手段として礼儀作法を強調しており、心からそうならないといけないと戒めています。武道家や武道界を背負っている者が不道徳的な行為をし、警察に捕まったというニュースを耳にすることがあります。また武道界の暴力問題もしばしば取り上げられています。武道は「礼に始まり礼に終わる」ものであり、彼らは礼儀作法とともに技の稽古をしてきたはずです。それでは、何が問題なのでしょうか。筆者は、礼儀作法が形式的かつ外面的に行われていたところに問題があるのではないかと思います。

理想的な武道教育

ここで、新プラトン主義の創始者、プロティノスの流出説を紹介しましょう。流出説は、本来神が世の中を造る物語を理論化したものですが、完全である一者（神）が、低次で物質的な混濁に満ちた世界へと流出する理由について、プロティノスは「愛」であったと説明しています。そして、その愛についてコップ理論を用いて次のように説明しています。目の前にコップがあるとします。そのコップに水を入れます。コップに水が一杯になると水はコップからあふれ出ます。プロティノスは、「真の愛は、愛で満たされて、自然にあふれ出るものでなければならない」といっています。つまり、「なそう」とする愛は、相手の心にまで届かないのです。「なそう」とする愛は結局、偽善者になりかねません。

ここで、愛を武道の礼儀に置き換えて考えてみましょう。形だけの礼儀は心

がないため相手に伝わりません。「なそう」または「ふり」をする礼儀は、人格形成どころか、その人の人格を壊すものになります。心を込めた礼儀、心の底から相手を尊敬する礼儀を教えるべきです。礼儀作法は模範が必要であり、その模範になるのは指導者です。よって、武道教育においては指導者の役割が大事です。生徒は心育・技育・体育のバランスのとれた指導者に出会ってこそ武道を通して人間形成されるのです。

　それでは、理想的な武道教育の構造について考えてみましょう。武道は、本来、自分の身を守る武術に由来するものです。ゆえに、武道学習においては、まず技能が優先されるべきです。技能の習得には、まず形（型）があり、その応用として技法があります。われわれは技能学習を通して、武道の身体的な表現を覚え、そのプロセスの中で、身体を鍛錬します。また武道には技能に加えて態度（礼儀作法）がありますが、それは武道の形（型）とともに覚えるものです。「礼に始まり礼に終わる」といわれる武道では、礼儀作法を教える時、相手を尊敬するところから始まります。そのためには相手を中心にして考える必要があり、心が大事になってきます。

　また伝統的な武道では、「文武両道」を強調しています。つまり、昔の武道家はそれに相応しい学問を修め武術を学ぶべきである、と考えていたのです。例えば、「無刀流」の創始者、山岡鉄舟（1836-88）は心の修行のため、日ごろ仏経や儒学の経典を勉強していました。特に剣術修錬の心得として『猫之妙術』を愛読していたといわれ、その心の勉強の現れなのか、山岡鉄舟は一生人を斬ったことがないといわれています。つまり、求道的な生き方をしていました。

　このように理想的な武道学習は技能、態度（礼儀）、理論からなっています。さらに武道で学んだものを日常生活で実践することを心がけています。筆者は、武道教育は学習を通して実践につながってこそ教育的価値があると考えています。つまり「武道をやる人はどこか違うね」といわれて初めて、武道が掲げている目標は実現されるのです。理想的な武道教育の構造はプラトンの「知・徳・体」の思想と似通っているところがあります。プラトンは、国を治める者の理想的な姿として「哲人」を提示しています。プラトンがいう「哲

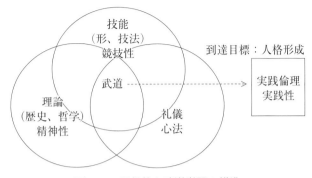

図1-1　理想的な武道学習の構造

人」とは、「知・徳・体」のバランスが優れた者です。プラトンは、その理由について次のように説明しています。「頭（知識）だけが大きい者がいたら、その者は頭が重くて正しく歩けないはずだ。よって体も鍛えるべきだ」と述べています。逆に体は大きいが、頭は小さい者がいるとします。その者は知（智慧、知識）がないため、その者が治める国はうまく機能しないはずです。すなわち、プラトンは「知・徳・体」のバランスの取れた者が国を治めるべきであるといっていますが、武道教育にも同じことが求められます。理想的な武道学習は技能、態度（礼儀）、理論（歴史、哲学）のバランスが取れたものにならなければなりません。その結果として、武道教育は実践倫理へと昇華し、「人格形成の道」になり、武道を通して人は成長するのです。この論議を図式化すると図1-1のようになります。

6. 武道伝書の教材的活用の可能性

　それでは伝統と文化に基づいた武道思想（精神、哲学）をどのように伝えればいいのでしょうか。今日では、武道思想は時代遅れの思想だと思われる方もいるでしょう。しかし、武道思想には伝統的な身体観・技術観および教育的価値体系が潜んでいます。アレキサンダー・ベネット氏は「外国人が武道をやる動機」について述べながら、武道伝書の活用可能性を次のように取り上げてい

ます。

　例えば『葉隠』や『武道初心集』、『五輪書』、『兵法家伝書』という、江戸時代に書かれたサムライ文化に関する本が英訳されています。今でもベストセラーとして、もしくはロングセラーとして、大きな本屋に行くと、そういう本が結構たくさん売られているわけですね。

　武道伝書は、武道特有の伝統的な身体観や技術観を今に伝えるだけではなく、武道の動機付けにも有効であるといえます。
　また湯浅氏は、武道伝書に学ぶものとして「技術」のみならず、「教育」「経営・管理」「思想」「生き方」「人間関係」などが身に付く、と述べています。武道伝書は具体的にどのように役に立つのか。湯浅は次のように述べています。

　たとえば、剣道をしていて「手の内」が冴えなくて、どうもうまくいかないと悩んでいる人がいるとします。その人が、次の『五輪書』（水之巻）の一文に眼がとまったとします。

　一、太刀の持ちやうの事
　太刀のとりやうは、大指ひとさしを浮ける心にもち、たけ高指しめずゆるまず、くすしゆび・小指をしむる心にして持つ也。手の内にはくつろぎのある事悪しし。敵をきるものなりとおもひて、太刀をとるべし。

　また技術を学ぶことについて次のように述べています。

　太刀の持ち方の技術について、武蔵がいっていることは何も特別のことをいっているわけではありません。しかし、「そうか、敵をきると思って太刀をもつことが大事なんだ」ということに気が付き、それを稽古のなかで試してみて「なるほど、こうすれば構えに張りもでき、少しは気攻めをともなった油断のない構えになったかもしれないな」というところまで発展させれば、一つ課題を克服したことになるのではないでしょうか。

　つまり、武道伝書から技術を学ぶことができます。また湯浅氏は次のように

述べています。

　「最近、生徒がついてきてくれない」と悩んでいる先生が、同じく『五輪書』（地之巻）の「師は針、弟子は糸となって、たへず稽古有るべき事也」という一文をみたとします。そして、「今まで自分は、生徒に要求するばかりで、自分自身が生徒と一緒に目標に向かって懸命に努力してきただろうか。ほんとうに大切なのは、生徒を叱るより先に、まず自分が精いっぱい努力することこそが大切なのではないか。その背中をみてはじめて生徒もついてきてくれるのではないか」というように、謙虚な姿勢になることができるかもしれません。自己が謙遜になれたとき、暗い霧も晴れ、新たな光がきっと差すことでしょう。

　つまり、武道伝書から教育について学ぶことはできるといっています。なお、武道伝書には、一対一の立ち合い勝負での「技法・心法」と、合戦での「組織的戦略」には共通した原理、法則があります。これらの原理は、武道家のみならず企業の経営者や管理者立場の人々にとっても、企業戦略や社員の教育・管理にも有効なものです。この他にも、思想を学ぶ、生き方を学ぶ、人間関係を学ぶなど、読み方次第で武道伝書はさまざまなことを教えてくれます。なぜなら、武道伝書は、哲学の基盤の上に成立しているからです。そのため、武道伝書は一次的には武道を学ぶ者のためのものですが、普遍的な課題を掲げています。

　また武道精神に関する書籍は、武道人口の普及にも大変有効です。吉川英治が1935年より朝日新聞に連載した小説『宮本武蔵』は、武道人口の増加に甚大な影響を与えました。その影響力は日本国内だけではなく、戦後、いろいろな言葉に翻訳され、世界の広範囲な読者を獲得しています。

　同様に、武道精神に関する書籍は、韓国の剣道人口の増加にも甚大な影響を与えました。1995年、韓国の剣道人口が著しく増え始めた頃、ユジェジュの長編小説『剣』は、韓国の剣道人口（現在、約60万人）の増加に大きく貢献しました。小説『剣』は、剣術の真理を探して歩む「無雲」という剣客が求めている無想剣の精神世界を書いた長編小説です。作家は「無想剣」の哲学的基盤として、禅宗、特に12世紀後半、北宋の廓庵による『十牛図』を用いてい

ます。『十牛図』とは、禅の悟りにいたる道筋を、牛を主題とした十枚の絵で表したものです。

　なぜ、これらの武道小説が人気を博したのでしょうか。それは、主人公が自己を確立するに至るまでの成長を描いており、剣禅一如を目指す求道者の姿が語られているからです。人生を正しく生きようとする人間の姿があるため、読者は自分のことを考えさせられることになるからです。また技と心の関係が説明されるときは、作家の説明にそって読者もともに考えることによって、自分の武道にも役に立つからです。武道精神を含む書籍や武道伝書には普遍的な課題があります。そのため、武道学習者の教材だけではなく、啓蒙書としても価値があります。

　幕末から明治にかけて生きた剣聖、山岡鉄舟は、剣術に託された伝統的な精神の普及に努め、また身をもって実践した代表的な人物です。鉄舟は佚斎樗山の『猫之妙術』を愛読していたといわれるほどですから、それを実技指導の場合にもよく取り入れていたかもしれません。また剣道範士九段小川忠太郎は実技を指導する場合にも、禅を土台とした独特の説き方をしました。たとえば、宮本武蔵の『五輪書』、沢庵和尚が柳生宗矩に与えた『不動智神妙録』、山岡鉄舟が愛読したという『猫之妙術』などを取り上げて、武道精神を説明しました。このように、昔の武道の指導者は、武道教育において武道伝書を用いています。武道伝書には過去から受け継がれたもの、すなわち、21世紀の武道が求めている伝統かつ文化的理論が示されています。そのため、武道伝書は今日においても武道の伝統的な考え方及び教育的価値を学習させる一つの学習教材として有効であるといえます。

7. 武道授業への取り組み

　ここでは福岡県宇美町教育委員会の武道授業への取り組みを紹介します。宇美町は、以前から武道が盛んな地域であり、町立の武道館をはじめ、地域それぞれの教室で、柔道、剣道、空手道や合気道など多様な武道を子どもから大人まで練習しており、優れた指導者が多く活躍しているところです。宇美町教育

表 1-1　全体指導計画

剣道の場合	
段階	学習内容・留意点
特性を学ぶ段階	・武技、武術から発生した剣道の歴史・伝統的な考え方を学ぶ。 ・剣道語録を通して、武道の精神を学ぶ。（五常の徳など） ○日本の歴史や文化を通して、基礎となる知識や考え方を学び、技能の習得と合わせて考えさせる。
柔道の場合	
段階	学習内容・留意点
特性を学ぶ段階	・武技、武術から発生した柔道の歴史、伝統的な考え方を学ぶ。 ・柔道語録を通して、武道の精神を学ぶ。 （精力善用、自他共栄など） ○柔道用語集を作成し、専門用語の意味を振り返らせる。

　月刊「武道」、2012年、4月号、p.157とp.159より。宇美町教育委員会は剣道と柔道の「全体指導計画」を五つの段階（特性を学ぶ段階、着装法・結束法を学ぶ段階、礼儀を学ぶ段階、基本動作・技を学ぶ段階、技を試す・判断する段階）に分けている。武道の歴史や伝統は「特性を学ぶ段階」に位置づけている。ここでは、剣道と柔道の「全体指導計画」から「特性を学ぶ段階」だけをまとめた。

　委員会は、このような地域の特色と学習指導要領の改訂による武道必修化を見据え、試行錯誤を繰り返しながら、具体的な指導方法のモデルを提案しています。

　表1-1は、福岡県宇美町教育委員会が教育課程の編成を工夫し、授業を1コマ2時間続きに設定して計7回、14時間の授業を行う場合の剣道と柔道の「全体指導計画」（抜粋）です。

　表1-1をみると、宇美町教育委員会は単元の導入において、武道の「特性を学ぶ段階」として、武技、武術から発生した剣道や柔道の歴史や伝統的な考え方を学ぶ時間を設けています。その材料は、「武道語録」であり、講話形式で授業を進めています。なぜ、「武道語録」なのでしょうか。それは、そこに武道の伝統的な技術観や身体観が生きており、現代の武道はそれを受け継いで

いるからです。武道語録とは、武道に伝わる口伝、逸話、伝書などを指す言葉です。武道伝書が今日の武道指導と何の関係があるかと思われる方もいると思います。次のように考えてみましょう。

　武道を実践するとき、技能が上達しなくて悩むときがあります。また臆病な自分に悩むこともあります。そのとき、先生や友達に相談するのも一つの方法ですが、生死を賭けた武術の戦いで生き残った先人が悩んだあげくに書き上げた伝書を読むと、そこに解決策があるかもしれません。なぜなら、武道伝書は、極限の状況においても、いかに自分の思うように身体をコントロールし、有効な技を発現できるかというところが重要な課題であったため、技能がのびなくて悩んでいる者に通じるところがあるからです。また武道伝書では、生死を賭けた武術の戦いにとって命取りであった「技」と「心」の関係が重要な課題であったため、臆病な自分に悩んでいる者にも通じるところがあるからです。

参考文献

アレキサンダー・ベネット、発題②現代武道が国際ステージで果たす役割、國學院大學人間開発学研究、第3号、2012年、p.46.

アレキサンダー・ベネット、『武道論集Ⅲ ― グローバル時代の武道』、国際武道大学武道・スポーツ研究所、2012年、pp.216-8.

加藤信朗、『日本大百科全書20』、小学館、p.765.

文部科学省、『中学校学習指導要領解説保健体育編』、東山書房、2008年、p.106.

長野善光、剣道範士小川忠太郎先生 ― 道人の生涯 ―（二）（特集　続・剣道一味）、禅、29号、2009年、p.54.

中村民雄、中学校武道必修化について ― 我が国固有の伝統と文化をどう伝えるか ―、武道学研究、42（3）、2010年、pp.2-3.

鬼澤佳弘、日本武道学会第41回大会講演会（本部企画）中学校武道の必修化、武道学研究40（3）、2009年、p.35.

酒井利信文・アレキサンダー・ベネット英訳、世界に発信したい剣道の歴史⑰　剣道の現状とグローバル化、剣道日本、スキージャーナル、8月号、2009年、p.152.

田中守・藤堂良明・東憲一・村田直樹、『武道を知る』、不昧堂出版、2000年、p.137.

山田奨治・アレキサンダー・ベネット編著、『日本の教育に"武道"を ― 21世紀に心技体を鍛える』、明治図書、2005年、p.336.

湯浅晃、『武道伝書を読む』、日本武道館、2001 年、pp.8-9.
月刊「武道」、2012 年 4 月、p.157-59.
財団法人日本武道館、『日本の武道』、財団法人　日本武道館、2007 年、p.8.
全国教育系大学剣道連盟編・大保木輝雄著、『教育剣道の科学　武道的身体知の系譜』、大修館書店、2004 年、p.31.

第2章
柔道の教育的価値（1）

1. 柔道の意義

　嘉納治五郎が創始した柔道とは、日本古来の柔術に、自らの経験のもと、研究と創意を加え、体系化、近代化したものです。体育・勝負・修身という人間形成の道をきわめることを目的とし「身体と精神を最も有効に働かせる」、これが柔道の根本原理です。また、柔道修行の目的は「己を完成し社会に貢献する」ことです。

　嘉納は、柔道の創始者として知られていますが、一方では大日本体育協会（現日本体育協会）の初代会長で、日本のスポーツ普及、発展に大きく寄与しました。彼は、日本で初のIOC委員として、第二次世界大戦勃発で幻となった東京オリンピック招致に尽力した、まさに「日本体育の父」的存在でした。

　さらに嘉納は、23歳の時に学習院（現学習院大学）の校長になり、講道館とともに嘉納塾をはじめいくつもの学校を開設しました。その後、熊本第五高等中学校（現熊本大学）校長、東京高等師範学校（現筑波大学）校長を歴任し、優れた教育者の育成にも情熱を注ぎました。一方で明治29（1896）年、清国から中国初の留学生受け入れを皮切りに多くの中国人留学生を受け入れ、国内外を問わず教育の発展に尽力した、「日本教育の父」ともいえる存在でした。

　そのように「体育、教育の父」と呼ばれ、その道のエキスパートである嘉納が創始した柔道だからこそ、その根底には体育的、教育的意義があります。そのため、柔道を行う者、さらには教える者はその部分を理解する必要があると

第2章　柔道の教育的価値（1）　23

考えました。

　柔道の技術のルーツは、一次的には戦国時代の武士達による鎧組打ちにありますが、その精神の源は、嘉納治五郎がその後歩んだ、体育、教育にあります。

　嘉納はもとより、その精神を受け継いだ優れた弟子達の尽力により、柔道は世界に普及され、また競技スポーツの「JUDO」として世界で行われるようになった今日、今一度柔道の教育的意義に目を向ける必要があるのではないでしょうか。

　筆者は平成24（2012）年から実施された武道必修化に伴い、機会あるごとに様々なところで、中学校で武道が必修化された理由を筆者なりの観点で述べてきました。その内容をここに記したいと思います。

　今日柔道は、世界の200近い国と地域で行われ、オリンピックの正式種目にもなっている、まさに世界的なメジャースポーツとなっています。周知の通り、柔道の試合では「一本」や「抑え込み」「始め」のように使用される言葉や名称が日本語です。また、柔道着という着物を纏い、畳の上で、裸足で行

 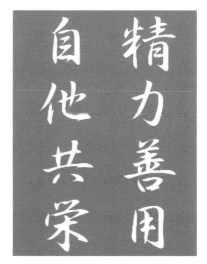

写真2-1　嘉納治五郎と柔道の精神[1]

う、まさに日本古来の習慣であり文化を世界の多くの人々が柔道という競技を通して共有しているのです。柔道に限らず空手や剣道といった日本古来の武道が今日、世界中で注目され愛好されていることは、我々日本人の誇りであり、今後も継承していかなければならない貴重な日本固有の文化です。

写真 2-2　日本初参加の 1912 年第 5 回ストックホルム大会と参加賞メダル[2]
　　　　　（左端：嘉納氏）

このように、日本で生まれた柔道が、嘉納治五郎の努力により世界に広がり、今や世界のJUDOとなった背景には、単に競技スポーツとしての魅力だけではなく、柔道の持つもう一つの側面、すなわち教育としての柔道の魅力が世界中に受け入れられ普及に繋がったことを、われわれは認識する必要があります。そしてそのもう一つの側面こそが、中学校における武道必修化、さらには教育現場に求められている柔道の目的だと思います。
　そのためにも学校教育の場で教える柔道とは、競技としてのJUDOではなく、教材としての柔道であるということを柔道の指導者は認識すべきでだと考えます。

2.「教材柔道」としての柔道

（1）心「徳育」

　教材柔道として、まず初めに教えなくてはならないのが、柔道の持つ「武道」的特性です。
　日本固有の文化である武道は「礼に始まり礼に終わる」と言われるように、「礼儀作法」を最も重んじています。柔道の試合における礼とは、人と交わるに当たり、まずその人格を尊重し、これに敬意を表することに発し、人と人との交際を整え、社会秩序を保つ道であり、礼法は、この精神を表す作法であると言われています。嘉納は「精力善用」「自他共栄」の道を学ぶ柔道人は、内に礼の精神を深め、外に礼法を正しく守ることが肝要であると述べています。つまり、相手がいるからこそ自分が高められ、相手と真剣に戦うからこそ、その相手を尊重し敬意を表する心の表れが礼法です。また、自分を高めてくれる修行の場である道場に対しても敬意を払い、道場の出入りには礼をする教え、習慣があるのも日本固有の文化を伝える重要な教材だといえます。競技としての柔道の試合においても、多くの礼を行うことがルール、慣例として定められていることからも、単なる競技スポーツとしての位置づけとの違いを認識する必要があります。
　さらに柔道は精神修養の格好の手段であるといえます。

武道では「寒稽古」「暑中稽古」という稽古方法があります。真冬の寒い早朝や、逆に真夏の猛暑の中で敢えて行う稽古です。スポーツ科学が進歩した現代、運動効率や身体への負担等を考えると、とても効果的な練習方法とは言い難く、異論を唱える方も多いでしょう。しかしながら一方では、柔道の総本山である講道館をはじめ、いまだに多くの道場や学校で行われている現状もあります。ともすれば「しごき」や「体罰」と捉えられてもおかしくない稽古方法が今もなお受け継がれている現状があるのは、なぜでしょうか。これは、まさに、柔道を通して精神力を高める修行の1つだからです。

　武道の世界では練習のことを稽古と呼び、練習する場所を道場と呼びます。稽古とは「古を稽える」という意味で、それは、「昔のことを今に照らして考え、今すべきことは何かを正しく知る方法」のことです。武道や茶道、華道さらには能のような芸事に用いられる稽古とは　習（ならい）　であり、型を忠実に繰り返し、その中に自己を投げ入れてその窮屈な型の中で自己を活かしていくことを学ぶという意味を持っています。また、稽古には「練磨」「錬成」というより積極的な意味があり、さらには「行」的な意味合いを持つとも言われています。つまり、スポーツにおける練習やトレーニングとは全く異なった別の側面を含んでいるということです。また道場とは、武芸の修練を行う場所であり、仏教では釈迦が悟りを開いた菩提樹の下とも言われています。稽古、道場いずれも単に技術や体力を向上させるための行為や場ではなく、伝統を重んじながらも新しい境地にチャレンジする崇高な目的意識の元、その目的達成におけるプロセス（道）において己に打ち勝ち、自分を高めるための修行こそが武道の神髄だと考えます。そして、その手段の1つが柔道です。

　このようなことを理解、認識したうえで、柔道と向き合う必要があり、特に学校教育の場面においてはより重要なことだと考えます。

（2）技「知育」
　柔道の技の極意を表す言葉に「柔よく剛を制す」という言葉があります。やわらかく、しなやかなものが、かえって強く固いものを制するといわれます。これは、転じて、弱いものがかえって強いものに勝つことのたとえですが、ま

さに柔道の技を体得すれば、体の小さい弱いものでも、大きい強い相手を投げることができ、これが柔道の持つ魅力の一つだとされています。しかし、そこに至るには、柔道の技術特性である合理性や効率性の体得が要求されます。柔道の技には物理的合理性にあったものが多くあり、その理論を身体をもって体現することが技であり、その習得のために多くの練習時間を費やしています。

　また、柔道は他競技には珍しい寝技、立技といったまったく異なった特性を持つ二つの技術構成からなり立っています。このように複雑で難解な技術の習得を要求される柔道であるからこそ、その過程において「考える力」「工夫する力」が養えるものだと思います。逆に言えば、教える側は「考える力」「工夫する力」を養うための手段として、柔道を教材として扱わなければならないのです。そのためにも、単なる技術の伝達、教え込みではなく、いかに考えさせ、工夫させるかの状況を与えることが重要であり、そのための技術であり、さらには乱取り、試合であると考えるべきではないでしょうか。「試合」とは「試し合い」とも言われるように、自分の力、修行の過程を試し図る場であり、それをもとに探求、練磨を重ねるプロセスであるとも考えられます。

　人はどれだけ課題を持ちそれを克服すべく努力するかが、その人の価値を高めるものであると、筆者は考えています。

(3) 体「体育」

　柔道の試合は、4分で行われ（IJFルール：国際柔道連盟試合審判規定）、相手と組合い、立技、寝技といった複雑な技術を駆使しながら、その攻防の中で相手を投げたり抑え込んだりする、非常にハードな競技です。また、その技術構成上、上肢、下肢、身体の前部（腹筋群）、後部（背筋群）すべてをくまなく活用しなければならない全身運動です。相手を投げたり抑え込んだりするために必要とされる強い筋力（最大筋力）はもちろんのことスピードや瞬発力、筋持久力、柔軟性も要求されます、さらには、心肺機能に関しても、状況によって無酸素系、乳酸系、有酸素系などの様々な体力要素を必要とする、まさに全体力運動でもあります。

　すなわち、目的、指導の仕方（処方）によって様々な体力を身につけるこ

とができる格好の教材であり、文部科学省が掲げる児童・生徒の「からだほぐし」「からだづくり」に最適な教材だと考えられます。

しかしながら、薬と同じで処方を間違えると、効果が上がらないばかりか、怪我や故障、事故につながるということを指導者は認識しておかなければなりません。そのためにも柔道の様々な特性を深く学び理解することが指導者に課せられた義務であると、筆者は考えます。

(4) 安全教育「思いやり」

柔道が教材として他競技、他種目にはない大きな意味をなす要因として、「護身」といった安全教育があります。そのため、柔道で最初に教えるのが「受け身」です。「受け身」とは、相手に投げられた際、転がされた際に怪我なく自分の身を守る技術で、この「受け身」の習得が前提にあるからこそ、お互いが遠慮なく全力で力をぶつけあえる厳しい稽古が成立するのです。このように、投げ合いを競う競技であるのに、最初に投げられる技術を学ぶところに、教育的な価値があり柔道の深さを感じることができます。その「受け身」の習得は、柔道という競技環境において自分の身を守る技術にとどまらず、そのことが日常でのつまずきや転倒した際に自分の身を守る護身に繋がるという、日常生活に役立つ可能性を持つ、まさに安全教育なのです。現に、柔道を経験していた人がとっさに「受け身」をしたおかげで大怪我から免れたという話をよく耳にします。

さらに筆者が考える、柔道による安全教育とは、相手を投げる（抑え込む）、投げられる（抑え込まれる）ことから学ぶ（力）加減です。そもそも、柔道のルーツは戦国時代の鎧組打ちであり、手加減など加えることの許されなかった術でもありましたが、嘉納が柔道という道とした教育的要素のひとつに加減というものがあると思います。つまり、相手に手加減を加えて投げたり、抑え込んだりする配慮や、相手を投げる際に、衝撃を緩衝させるために引手を引く動作などは、もちろんルールにはない行為ですが、柔道の稽古、修行を通して身につけるモラル、マナー、思いやりだと考えられます。これは、そもそも人間のもつ正の本能でもありますが、柔道というあえて激しい場面において、自己

をコントロールし、お互いに向上するにはお互いを尊重し合いかばい合うという「自他共栄」の精神を育むといった教育的側面の表れだと思います。すなわち、柔道における「加減」が相手の身を守る技術であり、もう１つの安全教育

写真 2-3　柔道の授業の様子

写真 2-4　子供達に柔道を教える様子

だと思います。

さらには、この「加減」こそが、相手を思いやる労り、優しさにつながる、まさに教育的効果です。

柔道という、人と人とが組み合い（肌と肌が触れ合い）ながら激しく、厳しく、強さを求める中にこそ本当の優しさを学ぶエッセンスが含まれていると筆者は考えます。そして、本当の優しさとは強さの中にあるのではないでしょうか。

注
1)　「精力善用」「自他共栄」とは、嘉納が生み出した柔道の独特な哲学です。これについて、友添は次のように述べています。「心身の精力を養い、善く働かせることが肝要であるとの『精力の善用利用』という言葉で語られた柔道の理念も、次第に柔道の技術体系の力学的合理性を個人の生き方として普遍化させながら、精神、身体の働きを最も有効にかつ善く用いることによって、自己の人格の完成がなされるという、より倫理的色彩の濃い『精力善用』（一九一五年、大正四年初出）という言葉で表現されるようになる。そして、これに引き続いて、個人原理としての精力善用が各自においてなされる時、国家や社会にとっての普遍的な原理である『自他共栄』（一九二二年、大正一一年初出）が完成される)。(杉本厚夫偏、『体育教育を学ぶ人のために』、世界思想社、235 頁)
2)　嘉納は、IOC 委員に就任してからオリンピック・ムーブメントに積極的に関わっていった。スウェーデン・オリンピック委員会の求めに応じて、1912 年の第 5 回オリンピック競技大会に日本選手を参加させる準備を行う。オリンピック選手を派遣するための組織として、大日本体育協会（現在の日本体育協会）を創設し、選手の予選会を実施。短距離走の三島弥彦とマラソンの金栗四三の 2 名を、日本代表選手に選んだ。しかし、東京高等師範学校の生徒であった金栗には、ストックホルムまで渡航する経済的な余裕はなかった。すると嘉納は、東京高等師範学校で金栗の後援会を結成し、募金を呼びかけ、資金を工面したのであった。こうして日本初代表の選手はストックホルム大会へと参加したのである。これ以降、IOC 委員の嘉納は、ほとんどすべての IOC 会議やオリンピック競技大会に出席している。オリンピック競技大会終了後には、各国の IOC 委員を訪問し、その国の体育やスポーツ事情を見聞するとともに、柔道を紹介するなど、親交を深めた（http://www.joc.or.jp/olympism/kano/)。

参考文献
中林信二、『武道のすすめ』、島津書房、1994.
佐々木武人ほか、『現代柔道論』、大修館書店、1993.
杉本厚夫偏、『体育教育を学ぶ人のために』、世界思想社、2001.
竹内善徳、『論説柔道』、不昧堂、1984.
財団法人　全日本柔道連盟、『「柔道」授業づくり教本』、財団法人全日本柔道連盟、2010.

第3章
柔道の教育的価値（2）

1. 柔道の創始者「嘉納治五郎」

皆さんが普段耳にしておられる「柔道」とは、正式名称を「日本伝講道館柔道」といいます。柔道は明治15年（1882）嘉納治五郎（以下嘉納師範）という人が作りました。

万延元（1860）年、摂津国兎原郡御影村（現在の神戸市東灘区御影町）で生まれた嘉納治五郎師範は、幼少の頃から病気がちで、身体も小さかったと言われています。嘉納家は有名な酒造家であり、銘酒「菊正宗」は誰しも一度は耳にしたことがあるのではないでしょうか。嘉納師範は11歳のとき母親を病気で亡くしています。その母親から、幼い師範は人のために尽くすこと、礼儀正しくすること、人に優しくすることを教えられました。嘉納師範の教育の原点は、母親にあるとも言えるのではないでしょうか。

写真3-1　嘉納治五郎師範

母の死後、父と共に上京することとなります。上京後、育英義塾という私塾で学問を学び、寄宿生活をすることになりました。幼少の頃から学問に励み、読み書き、読書をしていましたが、学校では大きな体の上級生からいじめを受けていました。学業では劣らないものの、先輩から毎日のようにいわれのない

暴力やいじめをうけ、それに負けない強靭な肉体を求めるようになったといわれています。

そんな時、力の弱いものでも強いものに勝つ「柔術」というものを知り、心身を鍛えるために柔術を学ぼうとしました。

柔術とは、戦国時代、武士が戦場で、敵を素手や武器を使って倒す（組み討ち）ために、武術として考えられたものです。

16世紀後半になると、多くの技術が発達し、それを体系づけ、教え広める人たち（流派）が現れるようになりました。これが柔術のはじまりと考えてよいでしょう。

柔術の技には相手を投げる、抑える、絞める、関節を極めるといったものから、打つ、突く、蹴るといった当て身技、小刀や杖などの武器を使用したものがありました。

親から反対されたり、当時柔術は時代遅れとされていたことから、なかなか学ぶことができませんでしたが、官立開成学校（現在の東京大学）在学中に、天神真楊流（てんじんしんようりゅう）を福田八之助から、起倒流（きとうりゅう）を飯久保恒年から学びました。

当時の柔術衣は、現在のものと違い半袖、半ズボンのように肘や膝が丸出しだったため、擦り傷が絶えず、常に塗り薬を使用していた師範は「万金膏の嘉納」とからかわれたと言われています。それ程熱心に柔術の稽古に取り組んだのでしょう。

柔術の稽古を重ねる中で、嘉納師範は身体だけでなく、「自分は非常に癇癪（かんしゃく）持ちで、容易に激するたちであったが、柔術のため身体の健康の増進するにつれて、精神状態も次第に落ち着いてきて、自制的精神の力が、著しく強くなってきたことを自覚するに至った」と述べています。

つまり、柔術は勝負としての修行として有益であるばかりでなく、心身鍛錬の上でも効果のある「体育」であるとしたのです。

また「勝負をするということは自ら創意工夫をすることから知性が養われ、相手に向かっていく勇気が人生に必要な人生徳性が培われる」とし、「知育」「徳育」「体育」の教材として、柔術を体育のみならず、人生に最も大切な智、徳の涵養（養い育てる）に役立てようと考えました。

2.「講道館柔道」の設立

　嘉納師範は、柔術を「我が国固有の貴重な文化」と考え、さらに他の流派の柔術、また相撲やレスリングなどの技術も参考にし、技の研究、改良を進めました。多くの柔術の技術の長所を取り入れ、危険な技を取り除き、創意工夫を加え、新しい柔術を創設するに至りました。

　1882（明治15）年2月、東京、下谷北稲荷町にある永昌寺に「嘉納塾」を設立し、その書斎を稽古場としました。

　嘉納師範は、自ら創設した新しい柔術を「柔道」と命名しました。これは「道が本体であり、術は付随したもので、且つ道に入る手段」というところから命名したそうです。

　また、柔道の稽古場は、単に武術を教える所ではなく、修練を通じて道を講ずる場所であるとして、「講道館」と命名しました。道が根本で、術はその応用として授けるということを明らかにするためだったのでしょう。

　かくして、講道館柔道は生まれたのです。

　嘉納師範は門下生であった富田常次郎（講道館最初の入門者。息子富田常雄は小説『姿三四郎』の作者）や志田（西郷）四郎（小説『姿三四郎』のモデルとなった人）と稽古を行っていました。その激しさから寺の床が何度となく抜け、住職から叱られたそうです。

写真3-2　講道館柔道発祥の地「永昌寺」

　そのため庭に小さな小屋を作り、そこを稽古場としましたが、建設する費用がなかったため、文部省（現文部科学省）から英語本の翻訳の仕事を引き受け、その給料を建設費に充てました。

当時の講道館は一柔術に過ぎず、名声もなかったので、師範は門下生を増やすことに苦労しました。

たまたま覗いた時に誰もいないと帰ってしまうので、稽古時間を限定せず、常に道場に誰か居るようにしていました。「寒い中稽古着を着て道場で待っているときの苦痛は並大抵ではなかった」とのちに語っています。

道場に来た門下生には、なんとか続けさせるようにと、麦茶に砂糖を入れて振る舞ったり、庭の池に生えていた蓮を使って、蓮飯を作ってご馳走したりしました。稽古着も洗濯したものを貸し出したりして、門下生を増やす努力をしていました。その甲斐あって、講道館への入門者が増えていきます。

講道館の名前が世に広まるに従い、他の柔術流派、また柔術を正課としていた警視庁などが講道館柔道に挑戦するようになりました。特に明治19（1886）年に行われた警視庁武術大会では、あらゆる流派から勝利し、その名声を高きものにしました。その後も多くの挑戦をことごとく撃破していくことでさらに隆盛を極めていきます。

3. 嘉納師範の海外渡航

明治22（1889）年、宮内省からの指示により、海外の教育事情を調査するためにヨーロッパ諸国を1年4か月かけて視察します。その航海の途中、船上で柔道の話をしていた嘉納師範に、大柄なロシア士官が挑んできました。小柄な師範を見て自分を投げてみろと勇んできたロシア士官を、師範は見事に投げ飛ばした逸話が残っています。さらに受け身をとれず頭から落ちそうになったロシア士官の後頭部を支え、けがをしないように投げたエピソードもあり、講道館柔道の名は海外でも知れ渡るようになりました。

その後も幾度となく渡航し、最後のIOC（国際オリンピック委員会）総会において、東京オリンピック大会招致をさせたカイロ（エジプト）まで実に12回の海外渡航をしています。

また、多くの門下生を海外に指導者として派遣させました。中でもアメリカ大統領にもなったルーズベルトに指導した山下義韶や、ブラジルに渡った前田

光世（コンデ・コマ）などが有名で、多くの指導者の努力により、世界各国に普及していったのです。

また時代背景から、各国の軍事訓練として柔道を積極的に取り入れた国も多かったようです。

4．教育者嘉納治五郎

嘉納師範は明治15（1882）年、「嘉納塾」創設と同時に、23歳で学習院教師に赴任し、明治19（1886）には教頭に就任しました。しかし、当時国粋主義に奔る上層部とたびたび対立することとなり、学問の前に身分の違いは関係ないとする師範を上層部は追放します（明治22年の海外渡航は師範を追放するための指示であったと言われています）。

海外視察から帰国した明治24（1891）年、第五高等中学校（現在の熊本大学）校長として赴任しました。文学者小泉八雲（ラフガディオ・ハーン）を教授として招くなど、教育普及に努めました。のちに小泉八雲は自らの著書で、欧米に柔道を紹介しています。

明治26（1893）年には、実に34歳の若さで、第一高等中学校（現在の東京大学教養学部）校長、東京高等師範学校（現在の筑波大学）校長を務めました。東京高等師範学校では夏目漱石を教授として招くなど、教授陣の充実に努めたと言われています。また教育期間を3年から4年に延長させ、教育者の育成に尽力しました。

ここでも師範は、当時の軍国主義を唱える上層部に真っ向から対立し、校長の役職を2度も辞しています。

> 嘉納師範は次のような言葉を残しています。
> 　教育のこと、天下にこれより偉なるはなし、一人の徳教、広く万人に加わり、一世化育遠く百世に及ぶ。
> 　教育のこと、天下にこれより楽しきはなし、英才を陶鋳して兼ねて天下を善くす、その身亡ぶといえども余薫とこしえに存す。

幼い頃、自分で文字を集めて本を作り、小さい子供たちに教えていたという嘉納師範は「人にものを教えることが1種の楽しみであり、天分であった」と語っています。

「講道館」「嘉納塾」を設立した同じ年、「弘文館」という英文学の学校も設立しています。

自ら創設した「嘉納塾」や「弘文館」は、当初授業料も取らなかったため、師範は英文の翻訳などで運営資金を調達したと言われています。

写真3-3　嘉納師範の銅像と石碑

また嘉納師範は、東洋の平和と隆盛を計ろうと、明治35（1902）年、「弘文学院」という中国人留学生の学校を開設しました。出身者の中には、魯迅など中国の文豪といわれる人達も輩出しました。また毛沢東が自らの論文「体育の研究」（1917）で嘉納師範の柔道と理念を称賛しているのも、弘文学院出身者の影響と言われています。

また、全国有数の進学校として名高い「灘高校」の設立にも携わりました。校内には嘉納師範の銅像と石碑があり、校是（校訓）に「精力善用」「自他共栄」を用いています。

5. オリンピックと嘉納治五郎

嘉納師範は明治42（1909）年、アジア初の国際オリンピック委員会（IOC）委員に選ばれました。スポーツを日本国内に多く取り入れた師範の実績をかわれての選出でした。

師範はオリンピック大会に日本が出場することと、国民へのスポーツの普及を目的として、明治44（1911）年「大日本体育協会」（現在の日本体育協会）を設立し初代会長を務めました。そして明治45（1912）年、第5回ストック

ホルム大会に選手団団長として、日本を初参加させることに成功しました。

そして、オリンピック大会を東京へ招致するために尽力しました。当時の日本は国際連盟を脱退、軍国主義が台頭するなど世界から孤立しており、国内でも反対意見が出るなど、東京招致には多くの困難がありました。

師範は多くの部下と共に世界中を駆け回り、招致活動を行いました。地道な活動が実を結び、昭和13（1938）年、カイロ（エジプト）で行われたIOC総会において、東京招致が決定しました。師範はこの決定をことのほか喜びました。

東京大会招致を成功させた後、アメリカへ渡り、東京大会へ多くの選手派遣をお願いにまわりました。バンクーバー（カナダ）から日本郵船氷川丸に乗り、いよいよ日本へ帰国の途についた師範でしたが、その激務から風邪をこじらせ、船中で肺炎を併発し危篤状態となります。医者から苦しいでしょ

写真3-4　東京大会招致を成功させ、帰国の途につく嘉納師範

うと聞かれても、「苦しくはありません。いま私はいかなる社会情勢の中にも、またいかなる苦痛の中にも生きてゆく力ができました」と気丈に振る舞いました。

そして5月4日、船中で帰らぬ人となりました（享年79歳）。

師範が命をかけて成功させた東京招致ですが、国は軍国主義に傾き、日中戦争悪化から、政府は大会の返上を決定、東京大会は幻のオリンピックとなってしまいます。

昭和39（1964）年、オリンピック東京大会が行われ、柔道が正式種目として採用されました。再び日本でオリンピック大会が開催され、柔道が採用されたことは、戦前の嘉納師範の功績が大きいことは言うまでもありません。

嘉納師範は、その遺訓として次のように遺しています。

「柔道とは、心身の力を、最も有効に使用する道である。
その修行は、攻撃防御の練習により、精神身体を鍛錬し、
その道の真髄を、体得する事である。そして、是によって、
己を完成し、世を補益するのが、柔道修行究極の目的である」。

写真 3-5　嘉納師範遺訓

6.「精力善用」と「自他共栄」

写真 3-6　「精力善用」「自他共栄」の書(直筆)

「精力善用」は柔道の本質を表す「柔道は心身の力を最も有効に使用する道である」を集約した言葉で、自らの持っている心身の力（精力）を善いことに用いることを意味しています。師範は、柔道の技術の経験から「何事も目的を最も善く成し遂げようとすれば、其の目的に向って心身の力を最も有効に使用せねばならぬ」と記しています。

「自他共栄」は「己を完成し世を補益する」という柔道修行

の目的を表しており、自分のためだけでなく、他人のことも考えて行動し、共に栄えるということを意味しています。師範は、「真に己に利そうと思えば、己のためを図ると同時に世のためも図らねばならぬ」「最も大きな自利は、利他をもってはじめて得られるものである」と記しています。また明治34（1901）年の「国士」では、「およそ世間の事、単独孤立して成し遂げ得ることは甚だ少なくして、多数の人が互いに譲り合い、互いに助け合って共同の目的を達する場合が甚だ多い」「個人と個人との間において然り、団体と団体との間において然り、国家と国家との間においてもまた然り」と言われており、この思想が後年の自他共栄の原理へと発展すると記されています。

7. 柔道の修行法

　嘉納師範は柔道を、人間教育の一環として考えていました。嘉納自身が柔術の修行の中で、身体が丈夫に成長する過程で精神的な成長を感じた経験を活かすことを考えたからです。
　嘉納師範は、柔道の指導にあたり、対人技術の反復練習としての「形」、技術の確認を行うための「乱取」、そして、その意義、内容を説き聞かせる「講義」、門下生の言葉に耳を傾け、お互いに質疑応答を繰り返す「問答」をその手段として用いました。
　師の教えは絶対という武道教育の中で、その疑問に真摯に受け答えをする方法をこの時代に唱えていることは特筆すべきことでしょう。現在スポーツとして発展した、勝利至上主義に趣がある柔道の一部指導者には、この「問答」が欠けているのではと感じざるを得ません。

8.「形」「乱取」

　現在の柔道を見ていると「組んで投げる」という印象が強いですが、嘉納師範が講道館柔道を創始したばかりの頃は、殴る、蹴る、武器を使うなどの技術が組み込まれていました。これは柔術にある「護身」の名残りで、嘉納師範は

真剣勝負に意味合いを残そうとしたのでしょう。しかし、毎回このような技術の稽古を行えば怪我が絶えません。

したがって嘉納師範は、稽古方法を「形」として練習方法と順番を決め、より学びやすい方法を作りました。

現在講道館柔道では「投の形」「固の形」「極の形」「柔の形」「講道館護身術」「五の形」「古式の形」「精力善用国民体育」の8つの形が残っています。

「乱取」はその技術を自由な動きの中で、円滑に繰り出せる動き（体裁き）や、柔術にあった実践に即した技術（乱れ捕り）を習得するための練習法です。

嘉納師範は、「形は文章において文法のようなもので、『乱取』は作文のようなものである」として、技術習得方法の両輪であると述べています。

※嘉納治五郎「柔道家としての嘉納治五郎（12）」、『作興』第6巻第12号、1927年、16頁。"乱捕と形は、作文と文法の関係"

この「乱取」が現在柔道の「試合」に発展していきます。

写真 3-7-1　投の形の一つ

写真 3-7-2　乱取

9.「国士」に始まる機関紙「柔道」

　嘉納師範は、明治31（1911）年、自らの考えを世間に広める機関紙「国士」を発行しました。「国士」はその後休刊しましたが、講道館が明治42（1909）年財団法人化し、その組織「柔道会」の機関紙として大正4（1915）年、「柔道」を発刊しました。「柔道」はその後、「有効之活動」「大勢」「柔道界」「作興」など名前が変わりましたが、現在も機関紙「柔道」として発刊され続けています。

10. 柔道あれこれ

（1） 柔道の段位
　段位（級）の制度は嘉納師範によって作られました。
　師範は修行者の上達程度や、稽古への意欲を向上させるために到達目標を明確にし、段級制度を作ったと言われています。
　段位を認定するのは日本では講道館です。では海外の人達はどうやって段位を取得するのかというと、各国の柔道連盟が認定します。段位には初段から十段まであります。段位を取得するには昇段審査の試験を受けなければいけません。形（段によって違う）の審査や普段の修行態度、柔道に関する筆記試験もあります。段位は強さを示すものではなく、その人が柔道の目的を理解し、段位にふさわしい人間性を持っているかを示すものです。現在は3名の十段の先生がいます。

（2） 柔道の帯の色
　柔道の帯は最初白から始まります。初段をとると黒帯を締めることができます。初段から五段までが黒帯と決められています。女子の黒帯は男子と分けるため、真ん中に白線が入っています。
　六段をとると紅白の帯を締めることができます。六段から八段までが紅白帯

と決められています。

　九段を取ると赤帯を締めることができます。九段、十段が赤帯と決められています。

（3）柔道の階級

　日本では従来、体重の区別がない「無差別」で試合を行っていました。しかし国際化し、世界へ普及していく中で、体格差の不平等と多くの選手に機会を与えるべきという観点から、体重別制度の導入が検討され、昭和39年オリンピック東京大会が決定するとその動きはますます拍車がかかり、1961（昭和36）年、国際柔道連盟の承認を得て、正式に体重別が導入されました。当初は3階級でのスタートでしたが、階級を増やす要望はさらに増し、現在では7階級で行われています。

写真3-8　紅白帯（六～八段）

（4）柔道のルール（2017年現在）

　柔道の試合で用いられるルールを「柔道試合審判規定」といいます。現在多くの大会で用いられているルールを作っているのは「国際柔道連盟」なので、「国際柔道連盟試合審判規定」といい、一般的に国際ルールと呼ばれています。また全日本柔道連盟が作ったものを「講道館柔道試合審判規定」といい、一般的に講道館ルールと呼ばれています。

　国内では長い間、2つのルールが併用して行われていましたが、混乱することが多く、現在ではほとんどの大会が、「国際柔道連盟試合審判規定」で行われています。

　また、中学生、小学生以下の大会では、体力差などの傷害による危険防止の

ため、「少年大会申し合わせ事項」が取り入れられ、後ろ襟や背中部分の握り方、固め技における絞技、関節技禁止（中学生は関節技のみ）などの規定が盛り込まれています。

① 試合場　畳

柔道の試合場は 10 m × 10 m（約 50 畳）とし、その内側部分を場内、外側部分を場外といいます。試合は場内で行います。また安全面から、隣同士の試合場の間に 4m の共用部分を設けており、場外部分のことを安全地帯ともいいます。

畳の色は場内部分を黄色、場外部分を緑とし、選手や審判、観客にも分かりやすいように色分けされています。以前は場内と場外の境目部分の畳を赤色にし、赤畳部分を「危険地帯」といいました。地方で行う小さな大会はまだこの試合場で行っていることが多いようです。

② 服装

柔道衣（柔道着ではない）は規格に合ったものを使用しなければいけません。合っていないものを着用して試合場に上がった場合、「反則負」となります（主要な大会ではコントロール係のチェックがある）。女子は白色のＴシャツを着用します。

写真 3-9　場内（黄）と場外（緑）

写真 3-10　柔道衣コントロール係のチェック

国際柔道連盟（IJF）の主要な大会では、試合者の一方が青い柔道衣（ブルー柔道衣）を着ることが義務付けられています。また、日本国内で使用される女子の帯は、真ん中に白線が入っていますが、「差別的」の理由から大会での使用が禁止されています。

③　「一本」

試合は「一本」を取った方が勝ちになり、試合は終了します。「一本」とは簡単に言うと「敵に致命傷を与え、反撃できない状態」にするということでしょうか。

写真3-11　投技の「一本」と審判のジュスチャー

投技では、①相手の「背中が畳に付くように」、②「強さ」、③「速さ」の3つの条件がそろったと認められた場合「一本」とします。

投げるとは、相手が制されている（コントロールされている）状態でなければならず、技の失敗やすっぽ抜けなどで背中が畳に付いても投技とは認められません。

固技では、抑込技では相手を20秒間抑え込んだ時、絞技、関節技では相手が自分か畳を2回以上叩くか、「参った」の発声があった場合、「一本」とします。

④　「技有」

投技において、投げたけれども、「一本」で上げた3つの条件が欠けており、「一本」と認められない場合「技有」というポイントとなります。

抑込技においては、相手を10秒以上20秒未満抑え込んだ（抑え込んだが逃げられてしまった）時、「技有」のポイントとなります。

⑤　禁止事項と罰則

禁止事項において、軽微な違反を犯した試合者には「指導」が与えられま

す。また重大な違反を犯した試合者には「反則負」が与えられ、試合は終了します。「指導」を3回与えられると「反則負」となります。

「指導」となる主な禁止事項
・相手と取り組まない
・極端な防御姿勢
・場外へ出る、相手を押し出す
・相手を投げる意思のない技をかける（偽装行為）

「反則負」となる主な禁止事項
・相手の帯から下への攻撃、防御
・相手の肘関節を極めて投技を施す
・投技において頭から突っ込む、投げられた時にブリッジの体勢で着地するなど、頭や頸椎に危険な行為があった場合
・無意味な発声や、相手の人格を無視するような言動、行為

⑥ 試合時間、ゴールデンスコア

試合時間は男子、女子共に4分間（大会によって異なる）で行われます（待てがかかっている時間は含まない）。試合時間が終了した時点で、技のポイント（技有）の多い方が勝ちとなります。「指導」の差だけでは勝敗は決定しません。

試合時間が終了した時点で技のポイントの差がない場合、ゴールデンスコアと呼ばれる延長戦に入ります。ゴールデンスコアでは、試合者が技のポイント（技有）を取った場合、「指導」の差がついた場合（規定試合時間での「指導」は持ちこされる）、その時点で試合は終了します。

⑦ 審判員、ケアシステム

審判員は主審1名、副審2名の3名で構成され、これに審判委員（ジュリー）を加えて審判を行います。国内の審判員は試験によってA、B、Cのライセンスが与えられます。

「待て」や「はじめ」「一本」「指導」など、審判員の発声は全て日本語で行われます。

IJFや国内の主要な大会では、ケアシステムと呼ばれるVTRを用いた判定

方式を導入しています。これは2000年シドニーオリンピック100kg超級決勝のドゥイエ（フランス）対篠原信一の試合（篠原選手が投げた内股透かしが、相手の選手のポイントとなった）が発端となり、VTRを導入しました。現在、試合場に立つのは主審のみとなり、副審2名（マットジュリー）がVTRを見て助言、訂正を行います。

11. 柔道の国際化

（1）国際柔道連盟の設立

　嘉納師範がオリンピック招致を成功させたのは周知のとおりですが、師範はオリンピックに柔道を参加させるのではなく、オリンピックとは別に柔道の理想を追求する「世界連盟」の結成を計画していたと言われています。それは招致したオリンピック同様、戦争によって幻となってしまいました。

　第2次世界大戦後、スポーツとして柔道が盛んに行われていたヨーロッパでは、組織化を熱望する声が上がり、1948（昭和23）年ヨーロッパ柔道連盟が発足しました。その後各国に加盟参加を呼びかけ、1951（昭和26）年、国際柔道連盟（IJF）が発足しました。

　日本は翌年1952（昭和27）年に加盟し、実質的な組織として活動が始まりました。発足当初加盟国は19か国でしたが、現在では200か国を超える国と地域が加盟しています。

（2）カラー（ブルー）柔道衣

　カラー柔道衣はヨーロッパ柔道連盟から提案されました。最初に提案したのはIOC委員でもあり、東京オリンピック無差別級金メダ

写真3-12　ブルー柔道衣（右）

リストのA・ヘーシンク氏です。

カラー柔道衣は、広告収入を見込んだテレビ放映での視聴率向上など、見る側がわかりやすいというメリットがありますが、当初柔道発祥国日本は断固反対の立場をとりました。その理由は「白は清潔、潔白など日本固有の伝統文化である」であり、長年に渡り争ってきましたが、1997（平成9）のIJF総会で採決され、現在では主要大会に限らず海外のほとんどの大会で採用されています。

日本国内で行われる大会では、IJF主要大会であるグランドスラム東京でカラー柔道衣が採用されているほか、全日本学生柔道連盟（日学連）の主催する全国大会でも採用されています。

カラー柔道衣採用は、まさに柔道の国際化の象徴ともいえる出来事でした。

（3） オリンピックのメダル

オリンピックにおける柔道は、昭和39（1964）年東京大会において、正式種目として採用されて以来、現在まで続いています（メキシコオリンピックでは不採用）。

写真3-13　優勝の瞬間、畳に上がる観客を止めるアントンヘーシンク

日本初のオリンピック柔道競技の金メダリストは中谷雄英選手です。東京では中谷（軽量級）、岡野功（中量級）、猪熊功（重量級）の3階級で金メダルを獲得しましたが、最終日の無差別級では、A・ヘーシンク選手が決勝で神永昭夫選手を破り、金メダルを獲得しました。当時海外選手に負けるはずがないと思われていた日本はショックを受けました。しかしヘーシンク氏は日本で稽古を積み強くなりました。決勝戦で神永選手に勝った瞬間、オランダの観客が歓喜のあまり靴を履いたまま畳の上へ上がろうとしました。ヘーシンク氏はとっさに手を挙げてその観客を止め、追い払いました。最後まで美しい礼を行い、神永選手を称える試合態度に感動を覚えたものです。まさしく嘉納師範の「自他共栄」の精神を体

現する出来事でした。

　その後、階級も増えて多くの日本人メダリストが生まれました。同時にメダル獲得国も増え、2016年のリオデジャネイロオリンピックでは実に26か国に散らばっています。

　獲得国が増えることは、柔道が国際化し世界に普及したことを如実に物語っており、嘉納師範も喜ばれているのではないでしょうか。

参考文献
嘉納治五郎『私の生涯と柔道』、日本図書センター、1997
菊幸一『現代スポーツは嘉納治五郎から何を学ぶのか』、ミネルバ書房、2014
講道館『嘉納治五郎体系』、本の友社、1998
講道館『国士』
講道館『柔道』
講道館『柔道の歴史 ― 嘉納治五郎の生涯』全6巻、本の友社、1987
村田直樹『嘉納治五郎師範に學ぶ』、ベースボールマガジン社、2001
尾形敬史他『競技柔道の国際化』、不昧堂出版、1998
佐々木武人他『現代柔道論』、大修館書店、1993
山口香『柔道』中学生と指導者のための武道・体育シリーズ②、ベースボールマガジン社、2008
『近代柔道』、ベースボールマガジン社

第4章
剣道の教育的価値

1. はじめに

　剣道とは何か、辞書（『大辞林』）を引いてみると、「防具を着用し、互いに竹刀で定められた部位を打突して勝負を争う格技」と書かれています。また『中学校学習指導要領解説（保健体育篇）』によれば、「剣道は竹刀を使って、基本となる技や得意技を用いて相手と攻防を展開しながら、互いに有効打突を目指して相手の構えを崩して打ったり、受けたりして勝敗を競い合う運動」です。これらの定義をみると、剣道を技能中心に捉えていますが、「剣の道」として考えると、もっと広い意義が含まれています。今井氏は、剣道の定義について、「剣道は日本の歴史的な背景のもとに育ち現代に受け継がれた日本独自の競技であり、心身の鍛錬法である。古くは職業軍人である武士達が生死をかけて勝敗を競い合うに必要な操刀術に過ぎなかった。ところが、世の移り変わりと共に修業の目的は次第に形を変え、いつしか武士達の教養や人格形成のための『剣の道』へと質的な転換をとげ、所謂文武両道に秀でることが武家の理想像とされるに至った」と述べています。

　剣道の文化的特性をみると、海外の文化を素直に受容、実験・実習しながら独自のものへと進化させていく様子がみられます。松浪氏は、日本武道学会第48回大会の講演会で、「武士道も（中略）ありとあらゆるものが大陸の影響を受けた。そして、私たちは私たちなりに手を加えて、我々の文化にしてきた」と述べています。つまり、剣道は闘争の技法として生まれ、それぞれの時代に

おいて新しい価値を見いだしながら、身体運動文化として体系化したもので、その起源を特定の一人や特定の時期および文化に定めることはできません。剣道は戦闘の技法として発達したと同時に、農耕生活や信仰生活と深く関係しながら、呪術・神事・礼法・養生法・協競技・教育法として、時代や社会の変化に応じて複雑な発達をしてきた伝統的な文化遺産の一つです。

そのため、剣道の教育的価値を述べるためには、人類の文化社会の諸現象と規則を考察する人文科学（哲学、文学、歴史学、教育学など）の立場からみる必要があります。武道は、平成24年度より中学校保健体育科の必修科目として採用され、教育剣道として正しく受け継ぎ、次の世代に正しく受け渡す義務があります。ここでは、剣道の歴史的変遷を概略しながら剣道の教育的価値について述べていきます。剣道の用語は、剣術、剣法、撃剣、剣道など、時代によって変化してきました。ここでは、各時代と用語の使われ方に関して古代から近世までを剣術および剣法、近代を撃剣および剣道、現代を剣道として捉えます。

2. 古代の剣術

剣術とは、刀剣を操る技術として考案されたもので、その起源は刀に初めて反りと鎬のできた平安時代後期（10世紀後半頃）からです。古代の剣術の様子は、明らかな資料がないため考古学によって推察する以外に方法はありません。

（1）神話にみられる剣術

刀剣の模様が窺われる最古の文献は『古事記』（712）と『日本書紀』（720）です。両歴史書では草薙剣や韴霊剣といった霊剣として登場しています。草薙剣は、三種の神器の一つで、「ヤマタノヲロチ神話」や「天孫降臨神話」にみられます。草薙剣は大蛇退治神話に出てくるもので天上と地上を繋ぐもの、祭儀の道具、神の象徴として語られています。また韴霊剣は、武神タケミカヅチの所持するもので「国譲り神話」や「神武東征神話」にみられます。

韴霊剣は鹿島神宮において祭神の象徴として祀られているもので、剣術三大源流の一つである新当流と結びついています。鹿島神社は香取神宮とともに江戸時代まで武の神として信仰を集めたところです。つまり、神話にみられる草薙剣と韴霊剣は、悪霊払いの呪術の道具として、あるいは神事の象徴として機能しており、日本古来の民族信仰と強く結びついています。

（2） 文物交流と刀剣

　日本列島に刀剣らしきものができたのは、大和朝廷が統一を計った4世紀の終わり頃です。『日本武道体系』（刊行の辞）によると、「日本の武道は原始・古代社会においてアジア大陸と文物の交流があり、銅や鉄を素材とする武器がまず大陸から伝来したことによって成立した」とあります。この時期の刀剣が古墳から発掘されていますが、その形をみると、圭頭、頭椎、環頭、円頭などの太刀で、長さ約1mの平造りの直刀です。これらの刀剣は、アジア大陸から入って当時の既得権を握っていたグループの宗教的象徴、あるいは権力のシンボルとして使われていました。

　そして、刀剣が剣技としての原始的な体系を整えていったのは7世紀以降です。この時期は中国や朝鮮半島の影響を強く受けています。たとえば、三兵（剣、槍、弓）がこの時期唐から輸入され、兵学として定着する初期の姿がみられますし、馬が朝鮮半島（三韓）から貢物として献上されてから、騎射や騎馬戦が発達する基盤を築いていく様子がみられます。

（3） 吉備真備と剣術

　8世紀になると、仏教の奨励により剣術は衰微します。一方、この時期は遣唐留学生として入唐した吉備真備によって日本の剣術の輪郭がみえてくる時期でもあります。吉備は唐で孫呉の兵法を学び、帰国後、大宰府長官に任命されたときに、『孫子』と『呉子』を用いて兵士を訓練しました。『孫子』と『呉子』は中国思想史上、最古で最も優れた戦争百科事典といわれているものです。平安時代において、攻軍、陣地の研究が起こり兵学の基礎になる土台を作りました。その後、『孫子』は江戸初期に成立する武道伝書にも影響を与えま

した。たとえば、古藤田俊定の『一刀斎先生剣法書』(1653)でいう「無形の構え」は、次の『孫子』虚実篇第六(六)の内容と似通っています。

> そこで、軍の形（態勢）をとる極致は無形になることである、無形であれば深く入りこんだスパイでもかぎつけることができず、智謀すぐれた者でも考え慮ることができない。〔あいての形がよみとれると、〕その形に乗じて勝利が得られるのであるが、一般の人々にはその形を知ることができない。(金谷、2000、p.86)

今日、岡山県倉敷市真備町に吉備真備像が建っていますが、差している刀をみると、平造りの直刀であり、この時期はまだ技術も刺突を中心にしていたことを物語っています。

写真 4-1　吉備真備像（岡山県倉敷市真備町）

（4）源為朝にみられる剣術

　その後、平安時代になりますが、9世紀から武士階級が形成される中、剣法の体系化が進みます。この時代の剣法の様子は、源為朝（1139-1170）から窺うことができます。『保元物語』（成立年不詳）によれば、源為朝は強弓の弓取りとして有名ですが、剣についても名人で、平治の難を避けて鞍馬山に入り、鬼一法眼について剣法を学んだとされます。また鬼一法眼の門人の中から京八流が起こり、剣術において師弟関係が生じたとされます。さらに剣法の技法らしきものもみられます。たとえば、「縦横十文字に斬る」「真横一文字に斬る」「左右八文字に斬る」などの字形的技法や片手で振り回して斬るような車形技法など、実戦的な技法もあります。しかし、藤堂氏らは、「源為朝が活躍した源平時代から『武芸を稽古す』や『兵法をならふ』などの用語や刀剣を稽古したという記述がみられ始めるものの、具体的な稽古の法方や心構えまでは説か

れていない」と指摘しています。つまり、これらは史実として疑問点が多く残るのですが、この時期の剣術の発展ぶりや師弟関係の始まりを物語っています。ところが、この頃の戦闘は騎馬武者による個人戦闘ですので、馬上での弓矢の戦いが中心であり、剣法は騎馬戦でほとんど勝負がついた後にとどめを刺す白兵戦に限って用いられていました。

3. 中世の剣術

　中世は、外国との戦争および活発な人的文化交流を通じて、日本ならではの剣術（哲学や思想を含む）を創り上げていく日本剣道史上中興の時代です。鎌倉時代に起こった元軍の襲来（1274年と1281年）の実戦を経て、室町時代に、剣術が系統化されていきます。またポルトガル船によって鉄砲が伝来され、剣術は戦国時代において社会的要求もありいっそう実用化していきます。

（1）元軍の襲来がもたらしたもの
　12世紀まで武芸は、馬に乗って弓矢を主な武器とするものが多く、剣技によるものは主流ではありませんでした。それを一変させたのは元軍の襲来です。当時博多湾で防備についた日本の武士は、軽装備による元軍の集団戦闘にはまったく歯が立ちませんでした。この戦争経験から元軍の武器を研究し、軽い甲冑や打物がつくられ、既存の直刀から反りをもった彎頭へと転換していきます。また鍛刀術も目覚しい発展をみせ、一段と鋭利さを増すともに刀剣を操る技法も著しく進歩していきます。元軍の襲来は、従来実戦のうえでは弓矢の次の存在であった刀剣が時代の脚光を浴びるようになるきっかけとなりました。そして、刀剣の制作面に大きな影響を与え、刀匠として有名な正宗などを中心とした相州物の黄金時代を築くことになります。平安期450人であった刀剣の制作者は、鎌倉期には1,550人へと大幅に増加します。

（2）漂流史と刀剣の発展

漂流史も刀剣の発展に大きく貢献します。それは天文 12（1543）年 9 月 23 日のことでした。種子島に一隻のポルトガル船が漂流しますが、彼ら（アントニオ・ダ・モッタ、フランシスコ・ゼイモト、アントニオ・ペイショット）によって鉄砲が伝来すると、和泉（大阪府）・堺の商人橘屋又三郎（鉄砲又ともいう）が種子島に渡り、鉄砲のつくり方を学んで、これを本州に伝えます。こうして日本各地で鉄砲の製作がはじまりました。鉄砲の伝来は、従来の戦闘方法や築城技術に大きな変化をもたらし、戦争史を一変させました。

つまり、元軍の襲来と鉄砲の伝来を通して、武具も大鎧の防御的ものから早い行動に適した胴丸鎧が普及していきました。また白兵戦により有利な刀剣が造られるようになります。

4．近世の剣術

戦国時代は時代的特性から農民はもちろん、神官や僧侶に至るまで自らを守らなければならなかった社会的秩序が混乱した時代でした。また下剋上の気風が現れ、武士の間では武技を高めて一国一城の主となりたいと思う者も多くいたのです。このような社会的要求から、特に剣術が盛んになり、剣術の技法を教えてくれる指導者（指南）を求める者が多くなりました。そして戦国末期から徳川初期にかけて剣術の技法において競争しながら優れた指導者が現れ、諸流派が成立するとともに剣術の技術もますます高度になっていきます。武力によって天下を治めた徳川家康は、文治政策をたてますが、武家諸法度をも発令し武芸を奨励します。特に第 8 代将軍吉宗（1684-1751）の享保の改革と第 12 代将軍家慶（1793-1853）の天保の改革による武術奨励は、剣術が発展する大きな土台になりました。また吉宗と家慶の時代に文武両道の精神を育成する多くの藩学校が併設されました。この藩学校はいわゆる武道教育の出現であったといえます。特に吉宗は柳生流と一刀流を重んじ、それまでの多くの剣術流派の中、両流派が徳川中期以降、既得権を得ることになります。

(3) 流派と武道伝書の成立

　流派の成立とともに剣術と理論を体系化した伝書（武道伝書とも）が成立することになります。伝書は、流派において師と弟子の間で密かに伝授する文書で、その流派の根本精神や修練の理論および実態が書かれています。そのため、伝書から伝統的な身体観・技術観および教育的価値体系を窺うことができます。たとえば、宮本武蔵著の『五輪書』、柳生宗矩著の『兵法家伝書』、古藤田俊定著の『一刀斎先生剣法書』、山本常朝著の『葉隠』、大道寺友山著の『武道初心集』などがあります。また、よく耳にする新渡戸稲造著の『武士道』は明治32（1899）年、それもアメリカで出版されたものです。海外の剣道愛好家たちは英訳された武道伝書を読んで得るものが多く、この本をきっかけに剣道を始める方も多いようです。また剣道を長年やっている海外の剣道家たちは武道伝書を読んで、そこから哲学・思想を得るとともに宗教的な覚醒をしたと捉えている方も少なくないようです。

　それでは、戦国末期から徳川初期にかけてどれくらいの流派が成立したでしょうか。下川氏の『剣道の発達』によれば、200流、山田氏の『日本剣道史』によれば、400派、『日本武道体系』によれば、745流（居合を含む、このうち異名同流など約120流）があったようです。とにかく多くの剣術流派がこの時代に派生したことは事実です。

(4) 主な流派

　流派成立の条件について、『日本武道体系』は、第一に、流派の成立には天才的な人物の出現が必要だった。第二に、その技法が非常に高度なものでなければならなかった。第三に、技法が高度であるがゆえ、その技法の体系と教習課程が整備されており、それを秘事伝授するという、技術体系、教習課程、伝授方法などの形態を持っていなければならない、といっています。ここでは紙幅の都合上、すべての流派を取り上げることはできません。『図説　剣道事典』では代表的な流派として8つを挙げています。それは天真正伝神道流、柳生新陰流、タイ捨流、心形刀流、二天一流、一刀流、示現流、馬庭念流などです。ここでは、天真正伝神道流、タイ捨流、心形刀流、二天一流、示現流、馬庭念

流を簡単に説明した後、江戸時代においてもっとも影響力があった柳生新陰流と一刀流を中心に説明します。両流派は、徳川家門の剣術師範役を勤めた流派で、今日の武道思想は、両流派のものであるといっても過言ではありません。特に一刀流は現代剣道の成立と直接関係があります。

まず天真正伝神道流は、一般的に神道流と呼ばれる流派で、流祖は飯篠山城守家直（1387-1488）です。家直は元中4（1387）年、香取郡飯篠村（千葉県）生まれで、康正2（1456）年、お祈りをしている間、香取大神から神書一巻を授かり、会得したといわれます。家直は102歳まで生きたというので、多分に神話的な話です。よく耳にする塚原卜伝（1489-1571）もこの神道流を受け継いだ剣術家です。卜伝は宮本武蔵（1584-1645、諸説あり）との鍋ぶた試合など、数多くの逸話で有名ですが、武蔵とは時代が違います。そもそも神道流の剣豪の逸話は後世に作られた話が多いものです。

次にタイ捨流ですが、流祖は丸目蔵人佐長恵（1540-1629、諸説あり）です。長恵は肥後球摩郡人吉（現在の熊本県人吉市）の生まれで、19歳の頃上京し上泉伊勢守の門に入り、神妙剣を学び、その後、工夫を重ねて独自のタイ捨流を考案しました。書道にも一家をなしたといわれています。このように多くの流祖は剣術だけではなく、芸道にも優れた才能をもっていました。これは文武両道を求める社会的動きが背景にあったためです。

次に心形刀流ですが、流祖は伊庭是水軒秀明（1649-1713）で信濃（長野県）の生まれです。秀明は若い頃、柳生流、本心流などを学び、34歳の頃、心形刀流を創めました。この流派は、後に亀山藩、龍野藩、林田藩などの藩が立てた藩学校の代表的な流派になりました。元治元（1864）年、亀山藩に建てられた道場は、県指定文化財になっています。

次に二天一流ですが、よく耳にする流派だと思います。流祖は有名な宮本武蔵（1584-1645、諸説あり）です。武蔵の出生地については播磨説（兵庫県）と大原町説（岡山県美作市）があります。美作市には宮本武蔵駅や宮本武蔵記念武道館があるなど、宮本武蔵生誕地として観光地化しています。剣道愛好家なら一度は行ってみる価値があります。『五輪書』の「地之巻」によれば、武蔵は13歳に真剣勝負をはじめ、29歳までに約60回の勝負に一度も負けたこ

とがありません。その中でも慶長17（1612）年、厳流島での佐々木小次郎との決闘はよく知られています。厳流島の決闘が広く知られるようになるのは、江戸時代も半ばを過ぎ、芝居や読本など、今でいう流行小説が広まってからです。この時期剣豪たちの多くの逸話が作られました。

　武蔵の『五輪書』は世界的に有名な著書なので、その成立について少し説明を加えます。武蔵の若い時代は、天下分け目の関ヶ原の戦い（1600）があった時代ですから、武蔵も就職活動のため命をかけて参戦しました。しかし、武蔵は石田三成の西軍側に立ったため、出世する機会を失ってしまいます。就職活動に挫折したのか、武蔵は30歳を越してからは、他流試合や就職活動をやめ、剣の奥義を追求します。この頃武蔵は養子（伊織）を入れました。武蔵は伊織が自分のような就職できない浪人にならないように、当時流行った儒学を勉強させました。そして伊織は寛永11（1634）年、豊前小倉藩に就職することになります。伊織を伴って小倉藩に行った武蔵は寛永13（1637）年の島原の乱に息子のために従軍します。

　その後、息子の推薦と島原の乱の手柄が認められ、寛永17（1640）年、細川忠利の招きに応じて熊本へ入り、客分として手厚いもてなしを受けます。そして寛永18（1641）年、忠利の命令によって、武蔵は「兵法三十五箇条」の覚書を書き、忠利に奉じます。これが二天一流の兵法を筆に記した最初のものです。その後、頼りにしていた忠利が没したため、武蔵は世を捨てて、詩歌、茶、書、彫刻などに没頭します。この時期、泰勝寺の僧、春山和尚に禅を学び、岩殿山の霊巌洞にこもって坐禅に励みます。そして寛永20（1643）年10月霊巌洞にこもって書いたのが有名な『五輪書』です。そのとき武蔵は60歳でした。これは剣術家のおよそ50年にわたる命がけの修行の総決算というべき、兵法の極意書であり、日本が誇る武道の伝統遺産の一つです。『五輪書』はバブル時代、日本の経済の原動力を解釈するバイブルとして世界中に広がりました。

　次に示現流ですが、流祖は東郷重位（1561-1643）です。示現流は神道流が分派したものです。重位は薩摩国（鹿児島県）の生まれで、若い頃タイ捨流を学び、後に島津藩の剣術師範になりました。示現流という名前は、『法華経』

の示現神通力が由来で、島津藩の家久が改めさせた名前です。幕末に至るまで薩摩藩士の大半は、この示現流を学びました。

次に馬庭念流ですが、流祖は相馬四郎義元（1351-1409）で、馬庭の樋口家を中心に栄えた流派です。時代からも分かるように、もっとも古い流派の一つです。義元は奥州相馬（福島県）の生まれで、若い頃兵法を学んだが、その後、禅門に入って自得したとされます。そのため、念阿弥慈恩、あるいは念大和尚とも呼ばれています。このように流派の流祖や名前には仏教（禅）に由来がある場合が多いです。慶応2（1866）年に建てられた馬庭念流の道場佖生館は、今もなお当時の姿のままに保存され、史跡文化財に指定されています。

（5） 柳生新陰流

柳生新陰流はよく耳にしたことがあると思います。流祖は柳生但馬守宗厳（1527-1606）で、現在の奈良市柳生町の生まれです。宗厳より嗣子柳生宗矩（1571-1646）の方がよく知られています。しかし、宗厳の後押しがなければ『兵法家伝書』（1632）で有名な宗矩は生まれなかったと思います。宗厳は無刀の達人だという噂が広がり、それが当時の将軍であった家康の耳にも入って来ました。家康は自分の目で宗厳の無刀を確認したいと思っていました。そこで、剣術好きの家康は宗厳と対決することになります。しかし、手に何も持っていなかった宗厳は家康を見事に制圧します。宗厳の無刀に感服した家康は、宗厳に息子秀忠の剣術師範役を頼みますが、宗厳は年を理由に長男宗矩を推薦します。そして柳生家が徳川家門の剣術師範役になるわけですが、後に書かれる宗矩の『兵法家伝書』や宗矩の嗣子十兵衛三厳の『月之抄』（1642）の成立に甚大な影響を与えた人物がいます。

（6） 沢庵宗彭 ── 武術を武道へと昇華

宗矩の『兵法家伝書』や三厳の『月之抄』に影響を与えたのは、僧侶沢庵宗彭（1573-1645）です。沢庵によって日本の武道伝書が哲学的色を帯びることになります。鎌田氏は、「沢庵によって日本武道史に武道哲学が形勢され、武術が武道として昇華した」と沢庵の功績を高く評価しています。ここで、いっ

たいどのようなものを沢庵が伝えたのかが気になります。もちろん、沢庵が伝えたものは彼が独自に作り上げたものではなく、その歴史は日本に禅宗が伝来した 12 世紀にさかのぼります。その後、禅宗は 14 世紀頃、当時既得権を持っていた天台宗や真言宗に代わっていきます。特に臨済宗の中から京都五山を中心に仏教経典を解釈するに当って儒教の経典を用いる動きが起こります。彼らを五山学派、あるいは学僧ともいいます。この禅学は生死の解脱の面において大きな理論的根拠を与え、剣術を哲学的、宗教的に発達させる大きな原動力となりました。剣道の極意、あるいは術理に関する用語は、禅学および儒学から来ているものが多いです。

　沢庵は、この五山学派の精神を受け継いだもので、主に『華厳経』と『金剛経』を研究し、日常生活においてもその教えを実践しました。そして沢庵が宗矩に与えた『不動智神妙録』は、『華厳経』や『金剛経』の思想体系が溶け込んでいるものです。『日本武道体系』は、『不動智神妙録』について、「禅や儒教の思想から剣術の奥義を説き明かしたもので、近世を通じて武芸を学ぶ武士の間で幅広く読まれ、剣術のみならず、広く近世の武芸論に多大の影響を与えた」と述べています。

　よく耳にする懸待一致（攻防一如）、剣禅一如、身心一如、気・剣・体一致などは、華厳宗思想の中心思想である事理一体（事理一致とも）から解釈され生まれた伝統的な技術観です。事理一体は、『不動智神妙録』の中心用語で、沢庵は剣術の修練において事（技、道具）にも理（心、精神）にもこだわらないこと、どちらかに偏らないことを戒めています。つまり、技と理合との関係は、剣道においては「車の両輪」のようなものだといっています。剣道は技を通して心身を鍛錬するものですから、まず始めは技を中心にすべきことは当然です。そして沢庵は、技が進むにつれて自然と理合に合致し、より合理的な技へと進展していく中に理合を、おのずと要求されるようになって初めて事理一致という境地に入るといっています。

　また武道伝書の中でよくみる「唯心」とは、『金剛経』の中心テーマです。全ての悩み・苦痛などは心から生じる（一切唯心造）という『金剛経』の教えは、剣道の技術戦の中の心法として応用されることになります。たとえば、刀

をもって敵と対したとき、心が乱れ、邪心が沸き起こります。剣とは、そのとき沸き起こる邪心を斬るものだという考え方が芽生えました。この心の内容が、やがて人間としていかに立派であるかという倫理・道徳的な心へと転じていきます。今日全日本剣道連盟が理念として人間形成を掲げていますが、このことが、剣道が公教育の教材となっている理由です。

(7) 朝鮮出兵と儒教の受容

　徳川幕府の文治政策の中心であった儒教は、やがて武士道の理論的体系を作る原動力になります。中村氏は、武道の礼法について、「武道の礼法が意識されはじめたのは、元禄から正徳（1688-1716）頃のことで、武芸が身振りの美しい所作ごとに華法化されていくに従って、立合前後の形式も整備され、そこにおける容儀なども武士の教養として重要視されるようになった」といっています。たとえば、武道でいう「礼に始まり礼に終わる」という考え方は儒教の教えです。

　また新渡戸稲造の『武士道』で武士道の深淵として述べている義・勇敢・仁・誠・忠・名誉なども儒教の教えです。司馬氏が『この国のかたち一』で指摘するように、日本の思想はそと（海外）から入り込んだものです。儒教（正確には朝鮮朱子学）の場合も東アジア戦争史における一番大きい戦争である朝鮮出兵（1592年と1597年）を通して、朝鮮から入り込んだもので、江戸時代の思想を席巻しました。この戦争は東アジアの武道の技法の発達のみならず、武道思想の発達にも大きく貢献しました。たとえば、日本の陰流（影流とも）は、この時期倭寇を通して、明国に伝わりました。茅元儀著の『武備志』(1621)は、日本にも影響を与えた有名な武術書ですが、『武備志』には陰流の目録が示されています。また朝鮮国が刊行した武術書の『武芸諸譜』(1598)、『武芸図譜通志』(1790) 中にも日本の剣術（倭剣）が紹介されています。

　『不動智神妙録』をはじめ、江戸初期の武道伝書には儒教の影響もみられます。沢庵の親友の中には慶長の役のとき朝鮮から連行されてきた儒教者李文長という人がいて、沢庵の思想に影響を与えました。沢庵と李文長の交流は『東海和尚紀年録』「太上天皇元和元年乙卯」に書かれています。禅僧の方が儒教

なんて、おかしいと思われがちですが、江戸時代は朱子学を幕府および藩政の指導理念として採用していたため、お寺においても朱子学の学習会が開設されました。日本の朱子学を開いた藤原惺窩（1561-1619）、林羅山（1583-1657）、山崎闇斎（1618-82）などは、禅学修行を励んでいましたが、朝鮮から入った朱子学に接して、儒学者に転向しました。剣道道場における作法や3つの礼（神に対する礼、師に対する礼、相互の礼）は、儒教の影響です。また大道寺友山著の『武道初心集』（1725）や「武士道といふは、死ぬ事と見付けたり」という一句で有名な山本常朝著の『葉隠』（1716）なども儒教の理論を借りて、武士の子弟のために武士としての基本的な心構えや日常修身の要諦を説いたものです。このように、剣道は徳川時代において禅学や儒学を借りて理論化し、剣道の哲学および技術観・身体観を作り上げていきました。

（8）一刀流がもたらした影響

　一刀流もよく耳にしたことがあると思います。流祖は伊藤一刀斎影久（1550-1653）で、生年についても生国についても諸説（伊豆、近江など）があります。一刀流は、柳生新陰流とともに永く徳川将軍家の剣術師範となり、諸流のなかで一番権威があり、格式高い流派とされ、後世、現代剣道の成立に大きく貢献しました。よく知られている北辰一刀流の千葉周作（1793-1856）、無刀流の山岡鉄舟（1836-1888）、大日本武徳会剣道範士の高野佐三郎（1862-1950）などは、一刀流を継承した剣術家たちです。

　流祖一刀斎も武蔵と同じく就職には恵まれませんでした。一刀流を天下の剣としたのは、秀忠の剣術師範となった門人の小野次郎右衛門忠明（1569-1628）です。また一刀斎の門人の中に心法を受け継いだ古藤田俊直も有名です。俊直の孫に当たる俊定により『一刀斎先生剣法書』（1653）が書かれました。一方、一刀斎自身は立派な弟子を輩出した後、僧侶になって姿を消しました。

(9) 防具や竹刀の発明

　防具や竹刀は徳川中期（1710年頃）に直心影流の長沼四郎左衛門国郷が槍術の防具にヒントを得て面と籠手を工夫し、竹刀による稽古が始まったといわれています。その後、中西是助の『一刀流兵法韜袍起源』(1861)によれば、宝暦年間（1751-64）に中西一刀流の中西忠蔵子武が甲冑試合にヒントを得て胴を工夫し、防具を用いた竹刀打込み稽古が流行しました。当時使用された竹刀は、現在の四つ割りの竹を組んだものではなく、竹を柄の部分はそのままにし、柄から先を縦に割ってささら状にし、これに袋状の革を被せた袋竹刀でした。当時竹刀打込み稽古の流行に対しては保守的な態度をとる者も多く、厳しい批判を受けたようです。しかし、防具の発明は、真剣勝負の場を再現する打ち込み練習を行う稽古へと大きな変革を与えました。たとえば、一刀に込められた意味を引き継ぐ有効打突としての一本の概念が生まれ、他流との交流が可能となり、撃剣として新たな展開をみせることになりました。

　一刀流を受け継いだ者に千葉周作（1793-1856）がいます。周作は一刀流を根幹として、自ら創意工夫し、新しく北辰一刀流を生み出しました。特に周作によって考案された「剣術六十八手」は、竹刀打ち剣術の技を打突部別（面、籠手、胴、突き）に体系化した画期的なもので、現代剣道の技の体系のさきがけになりました。周作が神田お玉ヶ池に開いた玄武館は江戸四大道場（玄武館、練兵館、士学館、伊庭道場）の一つに数えられます。彼の門下生は5、6千人を下らず、江戸後期を代表する剣豪たちや日本の近代化に貢献した志士も多く輩出しました。

　また後に無刀流の開祖となった山岡鉄舟（1836-88）も一刀流を受け継いだ者です。同じ一刀流を受け継いで、剣豪になった者、徳川家の幕臣になった者、攘夷派の志士になった者、明治新政府の政治家になった者、大日本武徳会の範士になった者など、さまざまな生き方があったことは興味深いことです。その中でも鉄舟の生き方には目を見張るものがあります。彼は徳川家の幕臣になった者ですが、攘夷派の志士にならず、後に明治新政府の政治家になりました。裏切り者という見方もあるでしょう。

　しかし、これは一刀流の根本精神である「事理一致」の影響とも考えられま

す。一刀流では一つ（攘夷派にも新政府にも）に拘らない、偏らないことを戒めているからです。このような根本精神があったので、一刀流は他の流派との稽古を受け入れたのではないかと思います。また戦後日本の経済復興の牽引車になった「いいとこ取り」もこの思想から生まれたのではないかと思います。

(10) 道場の登場

流派の成立とともに剣術の稽古場として道場が登場しました。道場という語は、そもそも梵語（bodhi-manda）の訳語で、仏道修行の場所、あるいは仏を祭り仏の教えを説く所を意味する語でした。正保2（1645）年に書かれた宮本武蔵の『五輪書』に、「とりわき兵法の道に色をかざり、花をさかせて、術とてらひ、或は一道場、或は二道場などいひて、此道をおしえ」、という記述がみられます。つまり、剣術道場は江戸時代初期にはすでにできていたと考えられます。江戸時代初期ごろは、単なる稽古場という観念から、次第に修行の場という意識が芽生え、道場という言い方が一般化していきました。

5. 近代の剣道

日本の近代化は、明治維新とともに西欧文物の大幅な導入を急速におし進めたため、伝統的なもの、あるいは非西欧的なものは否定されるべきものという考え方を生み出しました。一方、皮肉なことにペリー艦隊をはじめ、相次いで諸外国の船が開国を求める中、武芸（剣術）が日本固有の文化として自覚され、やがて学校剣道として芽生える時期でもあります。また剣術的、封建的ものからスポーツ的、民主的剣道へとその性格を展開していく時期です。そして、外国との戦争（日清戦争と日露戦争）を通して、日本の剣術がグローバル化（伝播）していきます。

(1) 撃剣の興行化

明治政府の政策は、中央集権的な国民国家を目指したため、封建社会を支えてきた武士階級は、新政府の出した脱刀令や廃刀令による帯刀の禁止とともに

解体されました。当然ながら剣術をはじめ、諸武芸は衰退を余儀なくされます。しかし、この衰退の危機を一変させた人物がいました。その人は旧幕府講武所の剣術教授方であった榊原鍵吉（1830-94）です。鍵吉は解雇された剣士たちの救済を試みるため、明治6年（1873）、撃剣興行会を開催しました。許可を得るに当っては、武芸が好きだった明治天皇の後ろ盾も大きな力になりました。鍵吉は相撲の試合形式からヒントを得て、中央に盛土した土俵を作り、四本柱を立てました。そして東西に出場する剣士たちが分かれ、呼び出すと見分役が日月の扇子をもち東西の剣士を呼び合わせて双方を中央に見合せ、扇子をひき揚げて試合を開始、三本勝負を行いました。

　また、なぎなた（女子）対剣術などの異種試合やイギリス人2名（トーマス・マクラチ、ジャンク・ビンス）の試合も加えて大衆の興味を呼ぶようにしました。撃剣興行会は、当時の民衆の興味を呼んで、相撲や芝居の入場数に影響を与える程盛んになり、経済的にも大きな収入になりました。撃剣興行会の大成功の理由について、『日本武道体系』は、「江戸時代においては、剣術は一般庶民には縁遠いもので、話は聞いていても実際の剣術の試合を面前で見たことはなかった。それが入場料さえ払えば自由に見られるので、物珍しさもあって競って見物に出かけた」と述べています。次項の絵は、イギリスの新聞が榊原鍵吉の撃剣興行会をみて、新聞に載せた挿入絵です。榊原の弟子に二人のイギリス人がいたというのは驚きです。

　榊原の撃剣興行会については、当時、芸を売って金にかえるという厳しい批判もありましたが、湯浅氏は、「試合場・竹刀の長さ・試合形式（三本勝負）など競技規則を定めたことは競技化を促進し、剣道の発展に果たした役割は大きい」と述べています。また『図説　剣道事典』は、「従来武士が独占し

写真 4-2　The Illustrated London News 挿入絵（1873）

ていた剣道をたとえ生活のためとはいえ大衆に溶けこませて、全国津々浦々まで普及し従来の武士の剣道から国民の剣道まで発展せしめた功績は大きい」と述べています。つまり、撃剣興行会によって一部の者（武士）の占有物であった剣術が普遍的な市民権を獲得したのです。しかし、撃剣興行会の剣道はいっそう競技的になったとはいえ、教育を目的とするものではありませんでした。教育としての性格を帯び始めたのは、その後、警察剣道からです。

（2）警察剣道と剣道の興隆

剣道の興隆および教育剣道に拍車をかけたのは警察剣道です。警視庁に警察剣道が始まったきっかけは、明治10（1877）年の西南戦争における警察庁抜刀隊の活躍でした。西南戦争における警察庁抜刀隊の活躍が高く評価され、剣道は警察の教習科目として導入されることになります。導入に当たっては、明治12（1879）年、大警視川路利良が書き上げた「剣道再興論」が大きく貢献しました。その後、警察剣道は、大正時代に入って学校教育において武道が正式に取り上げられるきっかけにもなりました。

幕末期の全国の剣豪たちが警察官として次々と採用されました。しかし流派が違うだけに、指導法に問題が発生し、各流派の統合が大きな課題になります。そして「警視庁流剣術形」（1886）、「大日本武徳会剣術形」（1896）を経て、学校に剣道・柔道が中学校正科に採用されるに当り、大正元（1912）年、「大日本帝国剣道形」が完成されました。大日本帝国剣道形は、流派統合の象徴として制定されたもので、竹刀打ち込み稽古法からくる手の内の乱れや体の崩れ、太筋を無視した打突を正すために作られました。現代の剣道は、「一刀流の影響を強く受けている」とされますが、その理由の一つは、「大日本帝国剣道形」の制定に貢献した範士たちに一刀流が多いからです。たとえば、大日本帝国剣道形の制定主査委員5名の中、高野佐三郎、内藤高治、門奈正など、3名は北辰一刀流でした。特に高野佐三郎著『剣道』（1915）は、大正期以降の剣道のバイブルの一つになりますが、『剣道』をみると、一刀流祖の挿入絵があり、一刀流精神が溶け込んでいます。この形の制定により各流派が統一され、指導や練習も一般化されるようになりました。「大日本帝国剣道形」は、

　　　　小野善鬼　　　伊藤一刀斎景久　　　神子上典膳
写真4-3　高野佐三郎『剣道』、剣道發行所挿入絵（1915）

　その後、解釈に加註・増訂はありましたが、そのまま現在の「日本剣道形」として受け継がれています。
　また日本の警察剣道は、朝鮮における剣道導入にも影響を与えました。西南戦争における警察庁抜刀隊の活躍とその後の警察剣道の興隆に注目した朝鮮（当時、大韓帝国）は、1895年、日本の警視庁をモデルに警務庁を立ち上げ、日本から防具や竹刀などを購入し、剣道を警務庁の教習科目としました。これは、剣道のグローバル化のスタートともいえます。

（3）日清・日露戦争と武道の興隆
　日清戦争（1894-95）と日露戦争（1904-5）を機として、日本国内では国家主義的思想が主導権をもつ中、武道に対する国家や国民の意識が高揚し、武士道や武道に関する論説、訓話、美談を内容とする雑誌・刊本類が多く出されるようになります。また警察剣道の興隆に刺激され、明治28（1895）年、桓武天皇（737-806）が京都に都を定めてから1100年目に当たる時期に「大日本武徳会」が創設されました。この時期、剣道の発展には皇室の武道奨励が大きな力になりました。明治天皇は武道（主に相撲）が大好きで、宮内庁に済寧館を建て、皇室職員に練武を奨励しました。大日本武徳会の設立発起人をみると、総裁（小松宮彰仁親王）、会長（渡辺千秋、京都府知事）、副会長（壬生基

脩、平安神宮宮司）となっており、趣意書には、「桓武天皇が平安京に都を遷して大内裏に武徳殿を建て武道を奨励し、武道によって世を治めたことにならって、維新以来衰退してきた武道を再興し、国民の志気を涵養する」という趣旨が述べられています。昭和期になると、天覧試合が盛んになります。宮内庁は、剣道の発展に大いに貢献してきました。今日、全日本剣道選手権大会の優勝者に宮内庁から天皇盃が授与されるのは、このような経緯からです。

　また大日本武徳会は、明治35（1902）年「武術家優遇例」（のちに武術家表彰例）を制定し、範士・教士などの称号を定めました。さらに、大正6（1917）年、柔道にならって「剣道階級規程」を定め、段位制を採用しました。これによって、称号と段位の併用による階層構造が確立しました。大日本武徳会について、『日本武道体系』は、「武道の奨励・普及・指導・大会の開催・武道家の表彰などの事業を行い、会員数も増えて、全国的な統一組織として名実ともに確立した」と述べています。

（4）学校剣道

　19世紀末期、警察剣道と大日本武徳会が中心となった武道（剣道）の興隆運動とともに、明治16（1883）年、「撃剣および柔術」を学校体操（今日の保健体育）として導入する案を、初めて文部省が諮問しましたが、剣道を編入することは容易ではありませんでした。一番大きな壁は、武道（剣道、柔道）がもつ危険性でした。当時武道を審査した人たちは、西洋の医学および生理学を学んだ方々で、武道がもつ教育的かつ文化的価値についてはあまり顧みず、医学と生理学の立場から剣道や柔道は若者の身体に危険だと主張しました。この議論は現在も続いています。剣道は比較的障害の少ないもので、老若男女が対等に楽しむことができる生涯運動として知られていますが、上肢の障害として肩や肘関節病および手根中手関節部変形、下肢の障害としてアキレス腱断裂・アキレス腱周囲炎、腓腹筋部分断裂、膝関節痛、体幹の障害として腰部痛、頸部痛などが生じやすいとも報告されています。平成20（2008）年、武道が必修化されたとき、反発論および危険論が浮上したことは周知の事実です。

　日清戦争・日露戦争を機に、愛国心・尚武心の昂揚を叫ぶ運動が活発に展開

される中、その一環として武道の正科導入請願運動が起こりました。そして第22帝国会議（1905-6）と第24帝国会議（1907-8）で建議案が可決され、明治44（1911）年7月、文部省令第26号をもって中学校令施行規則の一部を改正し、「撃剣および柔術」を中学校で教えることになりました。翌（1912）年は師範学校にも「撃剣および柔術」を加えることになりました。

その後、大正15（1926）年になって「撃剣および柔術」が「剣道および柔道」となりました。その後、昭和14（1939）年5月、小学校武道指導要領が発せられ、準正科として実施することとなりました。その後、昭和16（1941）年2月、武道は体操から独立し5年生以上と女子にも広がりました。この時期の体育について、入江氏は、「満州事変（1931）以後ファシズム教育のかなめとして、国民を悲惨な15年戦争へと動員する一翼を担った」と指摘しています。剣道の場合は、ファシズム教育の最前線に立ち、戦技武道として利用されることになりました。その結果、敗戦後、連合軍により学校剣道・警察剣道をはじめ、一般人が町道場や社会で行っていた社会剣道は禁止されました。さらに大日本武徳会は、昭和21（1946）年7月、好戦的精神および過激な国家主義的観念を流布したとして解散させられました。しかし、大日本武徳会は日本の武道のかなめとしてその振興に大きな貢献を成し遂げたことは評価されるべきでしょう。

6. 現代剣道

終戦後、剣道は連合国総司令部（GHQ）の占領政策の一環として禁止される暗黒時代もありましたが、剣道愛好家たちの努力によって剣道は組織化され、やがて全日本剣道連盟が発足し、学校剣道として再復活します。また学生剣道連盟（1953）、実業団剣道連盟（1957）、学校剣道連盟（1961）、国際剣道連盟（1970）などの剣道連盟が次々と結成され、各剣道連盟の主催する全国的な大会が盛んになりました。戦後、再復活した剣道は、刀剣・木刀から竹刀（しない）へと変遷し、武道的特性をもつスポーツとして体質を変え、国内外に広まり発展していきます。

（1） 剣道の復活

　終戦後、剣道は連合国総司令部（GHQ）によって全面禁止されましたが、全国各地の剣道愛好家にとって剣道は捨て難く、隠れて稽古を続けていた人たちがいました。剣道愛好家たちは大学の道場、警察の道場、町道場と転々と練習場を移しながら稽古を続けていました。そうした中、昭和 23（1948）年 5 月、関東配電本社道場にて、フェンシング並びに剣道交歓試合が開催されました。さらに笹森順造・武藤秀三らが東京剣道倶楽部の名でよびかけた第 1 回剣道競技大会が、昭和 24（1949）年 10 月、東京鉄道局道場で開催されますが、このとき参加した剣道家たちによって新しい剣道競技（しない競技）の規則・審判法、普及方法などを話し合うことになりました。その結果、翌（1950）年 2 月、全日本しない競技連盟が結成され、後の全日本剣道連盟発展への足がかりとなりました。

　このように現代剣道は大衆スポーツの立場から、考案された「しない（撓）」競技として再出発することになりました。しないは、一刀流の稽古で使われていたものからヒントを得ました。競技は三本勝負で、時間制にしました。しない競技は、当時の社会的背景にマッチした斬新なものであるととともに、剣道弾圧に対する救世主的存在として多くの剣道関係者の支持を得ました。そして、このような社会情勢を背景に、学校剣道の教材として要請することになります。その結果、サンフランシスコ講話条約締結後、紆余曲折を経て、昭和 27（1952）年 7 月、中学校・高等学校の正科として復活することになります。

　また同年 10 月、各剣道連盟が一本化した全日本剣道連盟が結成されました。しかし、先結成された全日本しない競技連盟と全日本剣道連盟の一本化が問題となり、話し合った末、昭和 29（1954）年、両連盟合同の「全日本剣道連盟」が誕生しました。これにより、日本体育協議会への加盟も正式に認められ、同年の秋に開催される第 10 回国民体育大会に正式種目として参加するようになりました。

　このような動きは、韓国にも刺激を与え、昭和 28（1953）年、大韓剣道会が結成されるきっかけになりました。また昭和 28（1953）年から、高等学校以上の学校において剣道が実施できるようになり、次いで昭和 32（1957）年

には、しない競技と剣道を統合した「学校剣道」となりました。戦後、新しく復活した剣道について、『図説　剣道事典』は、「剣道の国民的スポーツとしての体質の改善と、組織の民主的運営によるものということができる。日本人が考案し、日本人が高めてきた伝統的情緒のある民族スポーツを、だれもが自由に、のびのびと実施でき、自己の幸福のために、剣道の持つ文化遺産を思う存分吸収できることほど有意義なことはない」と述べています。

（2）現代剣道の発展と課題

　昭和39（1964）年、東京オリンピック開催のとき、剣道は10月15日、デモンストレーションとして、日本剣道形・神道夢想流丈道・直心影流なぎなた・夢想神伝流居合・小野派一刀流剣術・少年青年の練習・小学校から範士までの試合などの演武を日本武道館で披露しました。その後、昭和45（1970）年4月、15か国と2地域の代表によって国際剣道連盟が結成され、同時に第1回世界剣道大会が日本武道館にて開催されました。この国際大会は、3年毎にアジア・ヨーロッパ・南北米の持ち回り方式で開催されてきましたが、平成21（2009）年の総会においてこれを廃止し、第15回大会から立候補による開催地決定システムが導入されました。

　全日本剣道連盟副会長・福本氏の報告によれば、世界剣道人口は約220万人で、日本が120万人（全日本剣道連盟ホームページでは2011年3月末現在の有段者登録数は、1,619,859人、内、女子は460,624人）、そして韓国が60万人、フランスが8,000人、アメリカが4,000人、台湾が4,000人程度です。大体50人から100人程度に留まる国が多いです。国際剣道連盟は平成18（2006）年に、国際オリンピック委員会と並ぶ国際的なスポーツ組織であるスポーツアコード（Sport Accord）へ加盟しました。この加盟については、オリンピック志向が強まるのではないかという懸念やより国際化するバックグラウンドを確保したという意見など、多様な見方があります。

　昭和40年以降、剣道は「心身鍛錬・健康維持の増進・競技スポーツ・しつけ教育・仲間作り」に役立つ運動として一種のブームを呼び、競技人口や各種大会も飛躍的に増加しました。また昭和50（1975）年、全日本剣道連盟は、

剣道は剣の理法による人間形成の道である、という「剣道の理念」を制定しました。これを制定した主な理由は、勝利至上主義の蔓延、商業主義への介在など、剣道の本質を明らかにする必要があったからです。そして、平成20（2008）年「中学校学習指導要領」の改訂により平成24（2012）年度から「武道」が中学校保健体育科の必修科目として採用されました。今回の改訂では、特に「武道の特性や成り立ち、伝統的な考え方」の理解が盛り込まれています。つまり、剣道の歴史や精神、理論、哲学などを武道授業で取り入れなければならないのです。しかし、教育現場ではどのように対応していいのか今だに適切な指導案やテキストがないため、試行錯誤が続いています。

（3） 女性と剣道

　戦前まで女子の武道は、主になぎなたが中心で、剣道を行う者はごくまれでした。女子のなぎなた試合は、明治6（1873）年、榊原鍵吉の撃剣興行会に登場しますが、その後、昭和36（1962）年、第10回全日本都道府県対抗剣道優勝大会を記念して行われた第1回全日本女子剣道優勝大会から女子の剣道が公式的にスタートします。しかし一般の女性には多くの制約があり、特に全国的な大会の出場にはなかなか出してもらえませんでした。

　女子の剣道参加が著しくなったのは、昭和54（1979）年の国連総会で「女性差別撤廃条約」が採択されてからです。1980年代から日本政府もこれを批准し、男女平等をめざす国際的動きが女子の剣道の発展を後押しすることになりました。この時期は共働き世帯が急増化する中、剣道はしつけ教育として人気が高まりました。全国高等学校剣道人口の女子の推移をみると、昭和47（1972）年15,135名だったのが、昭和54（1979）年から3万名を超え、昭和61（1986）年には38,518名まで急増加しました。しかし、平成元（1989）年から急激に減りはじめ、平成9（1997）年には21,378になります。その後、微増し、現在では、女性だけの大会や講習会が毎年開催されているし、世界剣道選手権大会においても女子個人戦および団体戦が設けられるなど、国際的にも女性の剣道は広がりをみせています。

7. 剣道の教育的価値

　剣道の教育的価値についてはさまざまな意見がありますが、大きく二つにまとめることができます。1つ目は、剣道の稽古や競技を通じて人間形成を図るという立場です。これは、剣道の基本動作や同じ練習の繰り返し、ルールや礼儀作法、試合の準備などのプロセスの中で人間は成長するという捉え方で、伝統的には「事（技、術）の修行」と言われ、事（技、術）を通じて人間形成が成立するという考え方です。2つ目は、技能の修得だけでは「剣の道」にはならないため、心の修行を通じて人間は成長するという立場です。これは勝利至上主義に流れてしまうことを懸念することから生まれ、禅の修行をするか、武道伝書を読みながら心の修行を積むという捉え方で、伝統的には「理（心、精神、礼儀）の修行」と言われ、理を通じて人間形成が成立するという考え方です。2つの意見の共通点は、剣道の教育的価値は人間形成に尽きると捉えていることです。

(1)「事理一致」の教育的意義
　「事（技、術）」が先なのか、「理（心、精神）」が先なのかについては、武道界では共通の課題です。これについて、剣術を剣道として昇華させたといわれる沢庵の『不動智神妙録』は次のように述べています。

> 　理の修行、事の修行ということがある。(中略) 事の修行をしなければ、道理ばかり知っていて、手も身体も思うように動かすことができない。(中略) 反対に、太刀の扱いがどんなに上手でも、理の極まる所を知らなくては、技を生かすことができないのである。事と理は車の車輪のように、二つそろっていなければ役に立たないものである。(鎌田、p.78)

　事と理は車の両輪のようなものだという沢庵の教えは、その後、一刀流で「事理一致」の思想として継承され、現代剣道にも甚大な影響を与えました。幕末の剣豪島田虎之助（1814-52）が遺した「剣は心なり。心正しからざれば、

剣また正しからず」の訓えは「事理一致」の重要性を物語っています。つまり、この「事理一致」の追及に剣道の教育的価値があります。心と身が一致した精神的な境地は剣道が目指す精神世界ですが、最近の脳生理学の研究成果により心と身が一致したとき、最大のパフォーマンスが発揮できることは明らかになっています。われわれは歴史的には剣術と呼ばれていたものがなぜ剣道といわれるようになったのかに注目する必要があります。剣道になった理由は単なる闘争方法としての剣術ではなく、「人の道」として深い精神的意義のあるものだと自覚したからです。勝敗にこだわるスポーツとしての剣道は、それ自体に目的や価値をもつものではなく、勝つための手段としてしか捉えられていません。剣道が剣の道として、それ自体に目的や価値をもつところに剣道の極意があることを忘れてはなりません。

　新しい学習指導要領は、武道の学習内容として技能（体）、態度（徳）、知識や思考・判断（智）のバランスとれたものになるようにと示しています。それらの相乗効果によって人格形成がなされるからです。このように「事理一致」は、剣道が受け継いだ伝統的な教育方針であり、文武両道の重要性を物語っています。

（2）　儲けの確立理論

　フランスの哲学者パスカル（Pascal、1623-66）の『パンセ（Pensées）』233節に出る「儲けの確立理論」を脚色して剣道の教育的価値を説明してみます。

　ある県で一番強い若い剣士が、誠心・誠意の礼儀や心の優しさの重要性を技能より強調するある八段の先生のところに来て、「先生がおっしゃる心の勉強は、剣道が強くなることとは関係ないと思います。その時間があれば、練習量を増やした方がいいでしょう」といいました。先生は答えました。「剣道は剣を通じてヒトが成長する道ではないのか」。若い剣士は答えます。「私は練習を重ねて行けば、剣道は強くなるし、人間としても成長できると思います」。先生は答えました。「理（心、精神、礼儀）の修行を重んじて、剣道がより強くなるか、ヒトとしてより成長するかは分からない。もしそれを信じて、剣道が

より強くなり、より立派な人間として成長したら、その喜びは大きいだろう。それに賭けても失うものは何もない。むしろ剣道をやることの意味が増すと信じよう」。

（3） 人間形成の道

　剣道を途中でやめてしまう主な理由の中に指導者の人格問題があります。それは、一次的には指導者個人の問題ですが、競技偏重・勝利至上主義など、今日の剣道界を取り巻く環境が生み出した問題でもあるのではないでしょうか。筆者は以前、ある大学の剣道部男女50名を対象に、「武道伝書について聞いたことがありますか」「武道伝書を読んだことがありますか」など、剣道思想への認知度について調べたことがあります。その結果、「武道伝書について聞いたことがある」と答えた学生は34％だったのに対して、「武道伝書を読んだことがある」と答えた学生は誰もいませんでした。その中には、将来、剣道を教える教員になる学生も含まれているだけにとても衝撃的な結果でした。これでは、英訳された武道伝書や心の修行として禅および儒教の哲学を学ぶ外国人剣士に剣道の教育的価値体系について何も語れないと思います。

　平成19（2007）年、全日本剣道連盟は「剣道指導の心構え」として、竹刀の本意、礼法、生涯剣道など、3つを取上げ、それぞれの意義を制定しています。その内容の共通点は「人間形成の道を見出す指導に努める」ことです。われわれは剣道の礼儀作法を教えれば、人間形成が図れると勘違いしがちですが、それだけでは従来の剣道と変わりません。心からの礼儀作法ではないと偽善者を作り出す可能性がより高くなるからです。剣道界で起きた不祥事問題がその証拠です。礼儀作法においても心の教育が課題となります。

　日本には「君子の剣」という言葉があります。幕末、直心影流の男谷精一郎、島田虎之助、勝麟太郎の3人が、剣士の最高の称号としてこれを唱えました。これは剣道の教育的価値を考える上で非常に意義深いもので、剣道家として、人間としての心の持ちよう、有りようを示しています。「君子の剣」を目指した先人たちは、心が乱れたときや技能面において壁にぶつかったときは武道伝書を愛読したといわれています。先人たちは常に謙遜する姿勢・態度を心

掛けていました。たとえば、『一刀斎先生剣法書』の著述動機は次のように書かれています。

> （中略）私は、当流派の後継者としてこの剣術を学んでいるが、愚かで何の才能もない。そのため、まだ当流派の妙所を理解していない。しかし、熱心に教えを求める弟子たちの願望に黙っておられず、当流派伝来の事理のあらかたを改めてここに記すことにしたのである。これは、まるで管の穴から天をみるような狭い見解であり、後世の人からあざけり笑われるかもしれないものである。（金、2016、p.119）

これは、一刀流の秘伝書の一句ですが、指導者の心の持ちよう、有りようを示しています。新渡戸の『武士道』十五章では、武士道によって「感化される」といっています。儒教の教えの中に「修身斉家治国平天下」という言葉があります。天下を治めるには、まず自分の行いを正しくし、次に家庭をととのえ、次に国家を治め、そして天下を平和にすべきだという教えですが、人間は感化によって成長することを物語っています。

（4） 武道伝書の活用

　剣道の研究領域をみると、自然科学や社会科学が主流となっています。剣道指導者は、剣道の教育的価値について自分の経験から語る傾向があります。しかし、剣道の教育的価値を議論するためには、人類の文化社会の諸現象と規則を考察する人文科学（哲学、文学、歴史学、教育学など）の知識や考え方も知る必要があります。日本には古くから先人達が試行錯誤の上作り上げた立派な武道伝書が多く残されており、一部は現代語訳されています。これらを剣道教育のテキストとして活用することを願います。また古典を専門とする方と剣道の研究者たちがコラボレーションし、武道伝書の現代語訳および英語訳を進めていくことを願います。

主な参考文献

阿部哲史・国際武道大学附属武道・スポーツ科学研究所、『武道論集Ⅲ ─ グローバル時代の武道』、国際武道大学附属武道・スポーツ科学研究所、2012 年、pp.166-198.

広光秀国、『剣道必携』、日本剣道新聞社、1974 年.

藤堂良明・村田直樹、武道における稽古用語の変遷について、武道学研究、40（1）、2007 年.

福本修二、剣道の海外普及の現状と今後の課題について、武道学研究、40（3）、2008 年.

伊保清次、剣道極意解説（一）― 猫の妙術 ―、警察学論集、21（7）、1968 年、pp.80-98.

入江克己、『日本ファシズム下の体育思想』、不昧堂出版、1986 年、p.3.

入江康平、『武道文化の探求』、不昧堂出版、2003 年.

金谷治訳注、『新訂孫子』、岩波書店、2000 年、p.86.

金炫勇、韓国における剣道の導入期に関する一考察、武道学研究、46（2）、2014 年.

金炫勇、『スポーツ人文学 ─ 沢庵宗彭の『不動智神妙録』研究』、ANTIQUUS 出版（ソウル）、2016 年.

金炫勇、『一刀斎先生剣法書』を読む、広島国際大学総合教育センター紀要、創刊号、2016 年、pp.115-150.

金炫勇・金釻轍、『猫之妙術』を読む ─ 武道伝書の活用に着目して ─、広島文化学園短期大学紀要、49、2016 年、pp.35-48.

鎌田茂雄、『禅の心剣の極意 ─ 沢庵の不動智神妙録に学ぶ』、伯樹社、1987 年.

今村嘉雄・中林信二・石岡久夫・老松信一・藤川誠勝、『日本武道体系第十巻　剣道の歴史』、同朋舎、1982 年.

今井三郎、『幼少年剣道の指導と研究』、体育とスポーツ出版社、1976 年.

持田盛二監修・中野八十二・坪井三郎著、『図説　剣道事典』、講談社、1970 年.

松浪健四郎、東西の武道家たちの思想：朝鮮とペルシアから、武道学研究、48（3）、2016 年.

文部科学省、『中学校学習指導要領解説　保健体育篇』、東山書房、2008 年.

中村民雄、『剣道事典 ─ 技術と文化の歴史』、島津書房、1994 年.

中村民雄、中学校武道必修化について ─ 武道の礼法 ─、武道学研究、43（2）、2011 年.

酒井利信、刀剣観にみる剣術の宗教性、『武道と宗教』、天理大学体育学部、2006 年、pp.70-91.

司馬遼太郎、『この国のかたち一』、文春文庫、1996 年.

湯浅晃、『武道伝書を読む』、日本武道館、2000 年.

財団法人全日本剣道連盟、『五十年史』、財団法人全日本剣道連盟、2003 年.

全国教育系大学剣道連盟、『教育剣道の科学』、大修館書店、2004 年.

【コラム①】　　韓国の弓道を知る[1]

　韓国は、2016年のリオデジャネイロオリンピックのアーチェリー競技で、五輪史上初めて全種目（男女個人・団体の4種目）の金メダルを独占するという金字塔を打ちたてました。アーチェリー競技がオリンピック正式種目に採択された1972年のミュンヘンオリンピック以来、これまで韓国はアーチェリー競技で、金メダル23個、銀メダル9個、銅メダル6個を獲るなど、オリンピック史上の偉業を成し遂げました。なぜ、韓国のアーチェリーは、圧倒的に強いのか、その理由について、概略ではありますが、韓国の伝統弓道を取り上げ、その教育的価値について述べていきます。

1．韓国の弓道の歴史

　昔から朝鮮半島では、「朝鮮半島は弓、中国は槍、日本は刀剣が長技だ」といわれていました。これは高句麗時代から朝鮮時代を経て、今日に至るまで変わらないことです。高句麗を建てた朱蒙、朝鮮を建国した李成桂、そして第4代の世宗から第22代の正祖に至るまで、皆弓の名人として知られています。

　高麗、宣宗8（1091）年、戸部南廊に射場を設置し、弓を射る練習をしたのが、最初の公式的な官設射場です。その後、朝鮮時代には太祖が漢陽に都を定めた後、太宗5（1405）年、都城の東に訓練院を設置し、さらに世宗6（1424）年2月、射庁を建て兵士たちの習射を奨励したという記録がみられます。また、民間射場は、壬辰倭乱（朝鮮出兵のこと）以後、宣宗が景福宮の東側に「五雲亭」を設置したのが民間射場の始まりで、その後、ソウルでは多くの射場が開設され、朝鮮時代には約40個の民間射場がありました。

　朝鮮半島の歴史には王や武将たちの弓道に関する話が多く伝わっています。

伝説ですが、高句麗を建てた東明聖王・朱蒙は、7歳のとき、自ら弓と矢を作り、射ると百発百中だったといわれています。扶餘の『俗語』によれば、朱蒙は扶餘を離れ、高句麗を建てるとき、沸流国の松壌王に会い、弓道の試合をしました。松壌王は、百歩（120m）離れた、鹿が描かれた的に向かって弓を発しましたが、鹿の臍を当てることができませんでした。一方、朱蒙は玉の指輪をしたにもかかわらず、的を壊してしまうほど、その実力はすごいものだったといわれています。また朝鮮を建国した李成桂は、百発射て全て当たり、150歩離れた的も百発百中だったといわれています。さらに、80歩離れた鏡の的に向かって10発引いて全て命中したともいわれています。また、朝鮮の第22代の正祖は、50発用意し、間をおかずに発して、命中させては、1発はわざと礼儀として当てずに残したといわれています。

また朝鮮時代の武将たちの弓道に関する逸話も有名です。たとえば、李舜臣将軍の『乱中日記』には総264回の弓道の練習記録があり、宣祖25（1592）年3月28日付の日記には、50発を射て43発命中したと記録しています。また朴就文の『扶北日記』には、彼が咸鏡道の兵営にいるとき、150発を連続で射て全て命中させたという記録や、朴就文が他の軍官・李時馥という人物と弓道の試合をし、朴就文は189発を連続命中させましたが、李時馥は200発連続命中させ、負けたという記録が残されています。記録をみると、当時弓道の試合に参加した者は50発のうち、平均40発以上は命中させました。朴就文の『扶北日記』は357日間の記録ですが、そのうち96日間は弓道の練習、29日間は弓道の試合に関する記録です。つまり、朝鮮の武人たちにとって、弓道は日常であったことがうかがえます。

朝鮮時代500年間は、国家の科挙試験を通して人材を選抜しましたが、武人たちは武科に合格し、自分と門中（家門）の立身揚名のため、昇進試験でもっとも重要視される弓道を練習しました。朝鮮の武人たちは、毎月実施される弓道大会

【コラム①】　韓国の弓道を知る

の成績によって進級・褒賞、あるいは体罰をされました。そのため、朝鮮の武人たちは命をかけて弓道の練習に一生励みました。

　朝鮮の主な弓は、水牛角、木、筋などを、魚膠を用いて接着した角弓です。この角弓は、弓弦を外しても弓がほぼ円形に近く曲がる彎弓、流鏑馬に適した短弓で弓の弾性がとても強いのが特徴です。また、角弓の長さは、弓弦を外したとき120cm程度で、弓弦をかけると、約80cmで日本の弓に比べ、半分ほどの長さです。現在、使われている矢は竹矢で、元来「柳葉箭」と呼ばれていました。柳葉箭の長さは、約80cmで引く者の腕と弓の長さによって異なります。重さは25～26gで、矢の本体は竹、矢はずはハギの木、キジの羽を使います。また、弓は強度によって、軟弓、中弓、強弓の3種類に分けられます。最近は、パウンドの単位が用いられており、軟弓は36～42パウンド、中弓は45～48パウンド、強弓は50パウンドです。

　朝鮮半島では、昔から弓道は、上流社会の専有物として認識されてきました。そのため、1960年代まで、弓道をする者のほとんどは、その地域の有志や高位官僚で、1980年代まではゴルフより高級スポーツでした。しかし、近年、高い角弓の変わりに、20万ウォン（約2万円）くらいのアーチェリーを模倣したグラスファイバー（長繊維）製の改良弓と矢ができてから弓道は大衆化し、一般人から学生層に至るまで弓道の人口は急増化しています。

　弓道をする場所は「射亭」といい、現在全国に370か所あります。アーチェリー種目は、的との最大距離が90m（オリンピックの場合70m）ですが、韓国の弓道は145mの固定的だけを使います。つまり、3,000坪以上の敷地を使うため、大都市には射亭が多くありません。ソウルの場合、1945年以前は40か所の射亭がありましたが、現在は8ヵ所残っています。このような場所的制約により学校には、正式な射亭がありません。このような事情から、近年、大学の

部活を中心に70mの距離で射る弓道が行われています。しかし、これらは、韓国の弓道協会から未だ認められていません。国弓（伝統弓道）の貫革（的）は、横6.6尺（200cm）、縦8.8尺（267cm）で大きいです。昔は、貫革（的）を正と鵠（的の真ん中）に分けましたが、現在は的に当てれば命中となります。

　角弓や改良弓を使う者は、騎射形式の射法を用いています。韓国の伝統弓道ではよく「非丁非八」といいますが、「非丁非八」とは、的に向かって体を少しひねって、両足を丁の字でも八の字でもない状態をいいます。韓国の弓道は日本のように射法の法制化がされておらず、地域別、あるいは射亭別に継いだ独特な方法を使っています。一般的に、射亭は、閑寂で景色が美しい場所にありました。また、射亭は礼儀が重んじられるなど、一般スポーツとは異なる伝統的価値観・身体観を持っています。

　韓国では伝統弓道をアーチェリーと区別するため、「国弓」と呼んでいますが、公式的には弓道という名称を用いています。

2. 韓国におけるアーチェリーの歴史

　1959年、体育教師であった石奉根氏がある古物屋で偶然、アーチェリーを発見し、普及を模索したのが、韓国におけるアーチェリーのスタートです。その後、1962年、米国軍人エロット（Milan E.Elotte）中領が奨忠壇公園内の射亭「石虎亭」で最初のアーチェリー示範をしました。1961年、韓国政府は北朝鮮の方が、国際アーチェリー連盟（FITA）に先に加盟したことを知り、1963年から国弓大会でアーチェリーを示範種目として実施し、同年国際アーチェリー連盟に加盟しました。そして、1966年には最初のアーチェリー講習会と全国男女アーチェリー種別選手権大会が創設されました。このごろ、射亭（弓道場）「石虎亭」の会員でもあった石棒根氏は、伝統角弓式の弓道とアーチェリーの方法を統

合し、学校に広めていきました。

　1970年代に入り、韓半島を囲む緊張関係が激化する中、韓国政府は安保体育の強化の一環として男子学生にはテコンドー、女子学生にはアーチェリーを奨励しました。そして、1979年には最初の国際試合として日韓親善アーチェリー競技が開催されました。さらに、同年「第3回全国少年体育大会」からアーチェリーが正式種目になりました。またアーチェリー種目が全国少年体育大会の正式種目として採択されることになり、アーチェリーの体育特技生を発掘し、優秀な国家代表選手の輩出する土台となりました。

　その後、1983年にロス・アンジェロスオリンピックに参加するため、大韓弓道協会からアーチェリーと国弓（韓国弓道）が分離しました。そして、1984年のロス・アンジェロスオリンピックから金メダルを獲りはじめ、2016年のリオデジャネイロオリンピックでは、五輪史上初めて全種目（男女個人・団体の4種目）の金メダルを独占するという金字塔を打ちたてました。特に、女子アーチェリーチームは、五輪団体戦8連覇という奇跡を成し遂げました。韓国アーチェリーチームがオリンピックに初参加した1984年のロス・アンジェロスオリンピック以来、これまで韓国はアーチェリーで、金メダル23個、銀メダル9個、銅メダル6個、総39個のメダルを獲るなど、ロオリンピック史上、偉業を達成しています。

　韓国のアーチェリーが強い理由については、優れた遺伝子論をはじめ、多様な主張がありますが、体系的な訓練システムと厳しい選手選抜課程が主な要因だと思います。韓国では、アーチェリーの国家代表になることがオリンピックで金メダルを獲るより難しいという噂があるほど、国家代表選抜戦のハードルは高いです。選手たちは10か月間、7回から10回の厳しい選抜戦をしなければなりません。選抜戦でもっとも重要視されるのは、公正性です。そのため、特定の選手が特定のコーチの指導を受けることを禁止されています。

1983年には大韓弓道協会から国弓とアーチェリーが分離し、初代大韓アーチェリー協会長として現代重工業社長の鄭夢準氏が会長になり、最初のアーチェリー常備軍を結成しました。その後、1985年には第2代会長として現代自動車社長の鄭夢九氏が会長になりました。第2代会長は、韓国のアーチェリーの飛躍的発展に大きく貢献しました。彼は、韓国のアーチェリーの底辺拡大、優秀な人材の発掘、尖端装備の開発などを最重要課題としてかかげ、積極的に投資するとともに、スポーツの科学化を推進し選手たちの競技力の向上など、韓国のアーチェリーの世界化のため、体系的かつ科学的な基礎を整えたと評価されています。つまり、財閥企業の体系的な支援があったので、韓国のアーチェリーは体系的に発展することができたといえます。

3. 弓道と勉強

朝鮮半島では、昔から弓道は「君子の徳を見る観徳の行為」として思われてきました。これは『論語』と『孟子』に出る話を元にしたものです。

> 『論語』「八佾篇」
> 　先生がいわれた、「君子は何事にも争わない。あるとすれば弓争い（射礼のこと）だろう。〔それにしても〕会釈し譲りあって登り降りし、さて〔競技が終わると勝者が敗者に〕酒を飲ませる。その争いは君子的だ」[2]。

> 『孟子』「離婁章句下」
> 　むかし、逢蒙という男が、弓術を名人の羿に習ったが、やがてその奥義をスッカリ会得して、心ひそかに思うには、「天下広しといえども弓においては自分に勝るものは、ただ師の羿一人しかいない。」そこで、「羿さえいなければ」と考えて、ついに羿をば殺してしまったという話がある。このことについて孟子は「羿にもまた落度がある」と批判された。すると

魯の賢人公明儀は「いや、殺された羿にはどうも落度はないようだ」といったので、孟子は「ただ、軽いというだけのことで、ぜんぜん落度がないとはいわれますまい」といって、故事を引いてその理由を説明された。「かつて鄭の国が子濯孺子という人を大将として衛の国に侵入させたとき、衛では庾公之斯にこれを追い払わせました。〔どちらも弓の名人であるが〕、子濯孺子は『今日はあいにくと瘧の発作がおきて、弓を引くことができないから、おそらくやられるだろう』と呟きながら、その御者に『追手は誰だか』とたずねました。御者は『庾公之斯です』と答えると、『それならば生命は助かるぞ』と喜んでいうので、御者は不思議に思って『追手の庾公之斯という男は衛では聞えた弓の名人です。それなのに、あなたさまが《助かるぞ》とおっしゃるのは、なぜでございましょう』とたずねた。そこで、『庾公之斯はがんらい弓を尹公之他に学んだ男だが、尹公之他は私の門人だ。彼は誠に正しい人物だ。それ故、彼のえらんだ友人や門人もきっと正しい人物に違いないからだ』と説明していると、〔間もなく追手は近づいたが、子濯孺子は弓を執らない〕。庾公之斯が追いついて『あなたはなぜ弓をお執りにならんのです』というと、子濯孺子は『今日はあいにくと瘧の発作がおきて、弓は執れません』と答えた。すると庾公之斯は『私は弓を尹公之他に習いましたが、尹公之他はあなたからお習いしたので、つまり孫弟子になるのです。それ故、あなたの弓術であなたを射殺すには忍びません。しかしながら今日のことはわが君の公事ですから、使命をやめるわけにはいきません』といいつつ、矢を抜き乗っていた車輪に叩きつけて鏃をはずし、礼式どおり四本の矢を発ってからそのまま引き返してくれたという話です〔してみると、逢蒙のような善からぬ者を門人にしたことは、羿にも落度がないとは申さ

れますまい」[3)]。

　このように韓国では弓道を正しく習った者は、徳もともに習いました。そのため、韓国の射亭には「観徳」という名前がついた弓道場が多くみられます。

　朝鮮時代には王と臣下たちの君臣間の礼儀を示すために、弓道試合をする「大射礼」という行事を行いました。また、地方では毎年3月3日と9月9日に地方の儒生たちが集まり、「郷射礼」を行いました。この「大射礼」と「郷射礼」は、年齢の差や、地位の高下、その人の人格などを判別する風俗という性格をもっていました。『朝鮮王朝実録』によれば、「大射礼」は成宗8（1477）年、燕山君8（1502）年、中宗29（1534）年、英祖19（1743）年など、4回行われており、地方での「郷射礼」も活発的に行われていました。

　特に第22代正祖(1752-1800)は文武両道を強調しました。正祖（日本ではドラマを通して李祘として知られている）は、自ら文武両道を実践し、特に弓道では天賦の才能をもっていました。丁若鏞の「北営罰射記」によれば、正祖は、丁若鏞（1762-1836、18世紀朝鮮の実学思想を集大成した学者・改革家）に「文章はとても美しく作りながら、弓を引くことを知らないものは、文武をそなえた材木（人材）ではない。北営（朝鮮時代の軍営の一つ）に入れて、一日20巡（1巡は5発、100発）射て、毎巡ごとに1発以上当てれば、帰らせる」といい、丁若鏞を北営に行かせました。丁若鏞は「最初は弓が壊れたり矢が折れたり、弓懸けが外れたり腕輪が引っかかったりした。また、指に豆ができ、腕が腫れましたが、時間が経つと弓を引く腕前が段々良くなり、やがて1巡を射て3発を当てることができた」と告白しています。

　正祖は武芸、特に弓道を自己修養の最も主要な修練法だと思いました。正祖は『一得録』の中で次のようにいっています。『一得録』とは、学問や記述の練磨とともに、臣下たちと国政を協議する經筵などの諸般行事で大臣たちと儒生

たちが交わした対話と命令を収録したものです。

> 弓道は六芸（礼、楽、射、御、書、数）の一つで、自身を正す工夫として用いられていた。自身を正す工夫は、必ず心を正すところから始まるのだ。万事万物（全て）は、この心を正すところから始まるのだ。私は早くから、これ（弓道）で励んできた。

4. 伝統弓道の教育的価値

　射亭（弓道場）に上がると、普通9巡（1巡は5発）を射り、1時間半から2時間ほどかかります。初心者が弓を引くときは、まず初心者は「弓道を習います」と声を出し、それを聞いたものは、「たくさん当ててください」と応答します。また、習射するときは、「習射無言」（習射するときは話してはいけないこと）と「莫彎他弓」（他人の弓矢を勝手に触ってはいけないこと）を金技玉葉（とても大事に）のように思い、厳しく守っています。このような掟には、弓矢は一次的には武器なので気をつけなければならないこと、矢は必ず的を向けること、さらに射台に立つときは一人で立たず、同僚とともに立つ（同進同退）という意味が含まれています。

　また、弓を引くとき、年齢によって射台上の立つ位置も違います。目上の人は左側に立ち、年の順に弓を引きます。また、前の方の習射が終わっていないのに準備をすると、無礼になります。弓道では、このような礼儀作法を通して目上の人を尊敬する心を習います。射亭には「弓道九戒律」があり、初心者に覚えさせています。「弓道九戒律」は次のとおりです。

　　正心正己：身なりを正す理由は、心を正すためである
　　仁愛徳行：仁と愛をもって徳を実践する
　　誠実謙遜：常に誠実と謙遜な心で相手に接する
　　自重節操：自分の品位を守り、節義と志操を固く守る
　　礼儀厳守：礼儀と手順を厳しく守る

廉直果敢：清廉潔白な人、勇敢に決断する人になる
習射無言：習射するときは話してはいけない
不怨勝者：私に勝った者を怨んではいけない
莫彎他：弓他人の弓矢を勝手に触ってはいけない

　韓国の弓道では、この「弓道九戒律」を通して、心と体の修養を志向しています。また、他人と礼儀をもって接することの大事さを教えています。このように、韓国の弓道は、伝統的な身体観・価値観を継承し、現代スポーツとは異なる教育的な価値をもっています。

　写真1　習射　　　　写真2　習射のとき、年齢順

注および引用文献

1)　2016年9月中小企業経済研究所（韓国）、『中小企業CEO report』、Vol.139, pp.42-45に投稿した「国弓、体と心の工夫」を改編したものである。
2)　金谷治訳注、『論語』、岩波文庫、1999、p.55.
3)　小林勝人訳注、『孟子　下』、岩波文庫、1972、pp.91-92.

第5章
相撲の教育的価値

1. 相撲の歴史

（1） 相撲の起源

　国技である相撲の起源は古代までさかのぼり、古墳時代の埴輪や須恵器などの出土品に相撲が行われていた様子が描かれています。世界各国でも相撲によく似たスポーツ競技が行われていました。それは、5000年前の古代バビロニア（イラン）、2500年前のエジプト、インド、中国などの発掘品、壁画などにより明らかにされています。

　日本では、元明天皇和銅5（712）年、『古事記』の中に「国譲りの争いで建御名方神（みなかたのかみ）と建御雷神（たけみかずちのかみ）が出雲の伊那佐の小浜で力くらべをして建御名方神が敗れた」という記述が最初です。さらに元正天皇養老4（740）年、『日本書紀』には、垂仁天皇7年7月7日に野見宿禰（のみのすくね）と当麻蹴速（たいまのけはや）が力くらべをして、宿禰が蹴速の脇腹を蹴り折り勝ったことが記述されています。そののち帝に仕えることとなった野見宿禰は相撲の始祖として各地の神社で今も祭られています。

　力くらべといっても相撲とはほど遠く、殴り合ったり蹴ったりすることが多く、降参するか死ぬまで戦ったと言われています。

（2） 神事相撲

　農耕が始まったとされる縄文時代後期から弥生時代にかけて、農民の間で農作物の吉凶を占う農耕儀礼として相撲が行われていました。勝者は神の恩恵を

受けてその年の農作が期待できると喜び、敗者は凶作になると恐れられていたのです。

　豊作になれば感謝の意味を込め神前で相撲を取って奉納する習慣がこの頃に始まったとされています。

　現在でも各地の神社で神事相撲が伝わっていますが、これらの流れをくむものと考えられます。

（3）節会相撲

　聖武天皇は、天平6（734）年7月7日に天覧相撲を催され、それが後に7月7日が相撲の節日（祝日）と定められて相撲節会が開かれるようになりました。

　嵯峨天皇の弘仁12（821）年、相撲節が相撲節会という名称になり、宮中行事に定められました。それまで農民の間で行われていた神事としての相撲を朝廷が取り入れ、国家安泰、五穀豊穣を祈願しその年の豊凶を占う「年占」を行うようになったのです。

　その後、後醍醐天皇の延喜5（905）年に、相撲節会は宮中の重要な儀式である三度節の一つに定められました。三度節とは、正月17日の射礼節、5月5日の騎射節、そして7月7日の相撲節のことです。

　その後、約400年間続いた相撲節会は、武士の台頭と共に高倉天皇の承安4年（1174）年を最後に廃絶されることになりました。

（4）武家相撲

　朝廷から武士の政権に移り、源頼朝は流鏑馬、競馬と共に、戦場における実践的な武術として相撲を奨励するようになりました。

　頼朝以降の将軍も好んで相撲を奨励しましたが、鎌倉末期から室町時代にわたり、時の将軍は相撲を奨励することもなくなっていきました。

　戦国時代になると、戦国大名は再び武術として相撲を奨励するようになり、強い者を召し抱え、扶持（武士に米で与えた給与、扶持米）を与える大名もいました。

四股名をつけた力士が現れたのも、この頃からとされています。山、海、風、雷などの自然を四股名に取り入れるのは、五穀豊穣を祈る神事相撲からきていることが考えられます。戦国大名の中でも、織田信長は特に力を入れていたことが有名とされています。元亀元（1570）年から天正9（1581）年までの12年にわたり、大勢の相撲人を集め上覧相撲を行ったことが『信長公記』に記されています。取組を進行し勝負を裁く『行事』が現れ、また土俵の原型が考案されたと言われています。

（5）勧進相撲

　戦国時代から徳川時代になると、寺社建立、修繕の資金集めや、失業した浪人たちが各地に職業的相撲集団を組織して生活のために興行を行うようになりました。これが勧進相撲の始まりと言われています。

　血気はやる力士たちの間では、取組外でも喧嘩が起こるようになり、幕府は慶安元（1648）年から30年間にわたり江戸、大阪、京都に勧進相撲と辻相撲（道端に小屋掛けをして行う相撲）の禁止令が出てしまい、職業的相撲集団は困窮しました。浪人たちは株仲間をつくり、勧進相撲の許可を奉行所に願い出ました。興行主としてルールを定めたり、土俵を改良したり、力士たちの監督を約束し、やがて再開されるようになりました。この時の株仲間が後の年寄制度の原型と言われています。それまでの土俵は人方屋と呼ばれ力士や見物人が輪をつくり、その中で取組が行われていたため、けが人が出たり、喧嘩のもととなりました。改良された土俵は、人垣の代わりに土を詰めた五斗俵を四角や円形に並べ、四隅には四本柱が立てられました。これが現在の土俵の原型と言われています。

　江戸時代の後期には、相撲の中心は上方から幕府のある江戸に移るようになり、諸藩の大名も強豪力士を養成しました。この頃、日本相撲協会の前身となる江戸相撲会所が整備され、相撲年寄と相撲部屋も誕生しました。江戸相撲の全盛期を迎え、谷風、小野川、雷電などの人気力士が出てきました。

　明治維新には一転して、相撲存続の危機が訪れます。文明開化に伴い、「相撲は野蛮な裸踊り」と排斥する動きや、東京都で制定された「裸禁止令」によ

り、東京の力士は罰金と刑に処されてしまいました。これらの危機を救ったのが明治天皇と伊藤博文と言われています。彼らの尽力により天覧相撲が明治17（1884）年に東京芝で行われ、社会的にも相撲が公認されるようになりました。

明治42（1909）年東京両国に国技館が開設され、大正14（1925）年にはそれぞれ分かれていた東京相撲と大阪相撲が合併され、後の日本相撲協会の前身である（財）大日本相撲協会が設立されます。

昭和3（1928）年、NHKラジオ実況放送がスタートし、昭和6（1931）年には土俵の直径が4m55cmに改められました。昭和10年代に入り、双葉山が現れ、69連勝を達成し、黄金期を迎えます。相撲人気が高まる一方、第二次世界大戦が始まり、国技館は陸軍に接収され、力士も徴兵されました。やがて、東京大空襲で両国国技館や各相撲部屋も全焼してしまいました。

終戦後、興行場所を転々としながらも、昭和29（1954）年蔵前国技館が完成し新たな一歩を踏み出しました。

昭和27（1952）年9月、四本柱が撤廃され四本の房が吊屋根から下げられました。翌28（1953）年、テレビの大相撲実況中継が始まり、昭和60（1985）年、両国に新国技館が完成し現在に至っています。

相撲はライバルの登場により人気を集めてきたとも言えます。栃錦と若ノ花（栃若）、大鵬と柏戸（柏鵬）、北の富士と玉の海（北玉）、輪島と北の湖（輪湖）、また外国人力士のパイオニア高見山の活躍、千代の富士の時代、そして平成に入ると若貴ブームが起こり、ハワイ勢の小錦、曙、武蔵丸の活躍、そしてモンゴル勢の活躍へと移りました。また、モンゴルから朝青龍、白鵬、日馬富士、鶴竜と四横綱が誕生しています。

（6）アマチュア相撲

明治34（1901）年、東京高等師範学校長であった嘉納治五郎が、学校体操科に相撲を加えることを提唱したことにより各学校で学生相撲が盛んになり、中学校、高等学校、大学を中心に『学生相撲群』へと発展していきました。

明治43（1910）年に東京学生相撲大会が初めて国技館で開催され、大正8

(1919) 年には大阪堺市で第一回全日本学生相撲大会が開催されました。また、大正9 (1920) 年には関東、大正14 (1925) 年には関西にそれぞれ学生相撲連盟が組織されました。大正13 (1924) 年の秋に開催された第一回明治神宮競技大会には、学生相撲の選手を始め、各地の青年団、実業団、社会人の相撲選手が出場しました。この大会を契機に日本学生相撲連盟が設立され、各地方の府県単位でも相撲連盟の組織作りが進められていきました。

昭和11 (1936) 年に実業団相撲連盟の前身である西日本工場相撲連盟が設立され、大阪藤井寺で西日本工場相撲選手大会が開かれ、アマチュア相撲は盛んになっていきます。

その後、太平洋戦争が襲い、幾多の困難を乗り越え、昭和21 (1946) 年、日本相撲連盟が創立されました。昭和28 (1953) 年に日本相撲連盟が主催して第一回全日本アマチュア相撲選手権大会（現在の全日本相撲選手権大会）が開かれました。まさにアマチュア相撲の頂点に立つ大会として今日に至っています。

平成に入ると、平成3 (1991) 年、国際相撲連盟が創設され、五大陸が参加して東京で第一回世界相撲選手権大会が開催されました。当時2008年のオリンピック競技種目採用を目指し、世界に日本のアマチュア相撲の指導者が普及に努めましたが、残念ながらオリンピック競技種目にはならなかったのです。しかし、世界の競技人口は徐々に増えていき、日本の大相撲へと進む選手も現れるようになりました。

女子相撲に目を向けると、オリンピック競技種目という目標とするため、女子相撲の普及に力を入れ、平成8 (1996) 年『日本新相撲連盟』を発足、同年大阪で第一回全国新相撲選手権大会が行われました。試合方式が男子と異なり、当初は土の土俵ではなく専用マット土俵で行われ、服装もレオタードや無地の水着の上にまわしをつけることになっています。現在は、国技館以外の土の土俵でも行われています。組織名も『日本女子相撲連盟』と変更されました。女子相撲は体重別の階級制で行われているのが特色ですが、毎年国際大会も行われ、世界へ広がりを見せています。将来的には、国内の国体競技での採用が検討されているところです。

2. 相撲の現状

競技人口～普及状況（国内、世界）

相撲は国技としてだけでなく、伝統文化としても幅広く国民に支持されており、国内はもとより世界約80か国で愛好されていました。かつてオリンピック種目を目指し普及したことが要因としてあげられます。世界選手権（21回）、世界女子相撲選手権大会（12回）、世界ジュニア相撲選手権大会（14回）、世界女子ジュニア相撲選手権大会（6回）と実績を重ねています。（2016年現在）

しかし、近年は参加国も減少し限られた国による大会の傾向となっています。

国内の競技人口は近年減少してきています。考えられる要因としては、子供の減少、スポーツの多様化があげられます。小学生を例にあげると、わんぱく相撲や地域の神社などの奉納相撲へは積極的に参加していますが、中学入学時には他のスポーツへ流れる傾向が見られます。中学校にクラブ（相撲部）がない、指導者不足などがあり、成長と共にまわしへの抵抗なども要因の一つとして考えられます。

その流れから中学生と高校生の競技人口の減少が近年加速しています。また、大相撲の新弟子も減少してきており、外国人のスカウトへと変化も見られます。しかし相撲部屋における一部屋一外国人という枠が設定されており、外

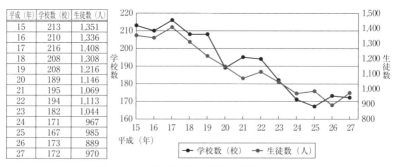

図 5-1　高体連相撲の登録の推移（男子）
※女子は高体連に加盟していない

国人にとっては狭き門になっているのも事実です。
　このようにアマチュア相撲の将来を担う子供の競技人口の減少と共に大相撲への新弟子不足もこれからの課題と考えられます。

3. 相撲の特性

　まわしを締め、狭い土俵（直径4m55cm）の中で行い、相手を土俵の外に出すか相手の足の裏以外の体の一部を土俵につけると勝ちというルールで行われます。一見単純に見えますが「心、技、体」という言葉に代表されるように奥の深い競技でもあります。
　また相撲の構造的特性、機能的特性、効果的特性をまとめると、以下のとおりです。

（1）構造的特性
　① 相手を土俵の外に出す、あるいは相手の足の裏以外を土俵につけることで勝敗が決まるので、比較的怪我が少ない。
　② ルールが簡単で、勝敗の見極めがつきやすく、試合での判定が容易である。
　③ 一試合に要する時間が極めて短い。
　④ 狭い空間、簡便な用具をもって実施することができる。
　⑤ 互いのバランスを崩し合う格闘的対人競技である。
　⑥ 日本伝統の武道であり、様々な伝統的所作や基本的動作、相手を尊重する心が重視される。
　⑦ 身体接触を伴う対人競技であり、互いに熱感や力感を皮膚感覚を通して直接感じ合うことができる。

（2）機能的特性
　① 自己の能力や身体的特性に合わせた技を身につけることで、楽しさや喜びを味わうことができる。（達成型）

② 身につけた技を使って、いろいろな相手と練習や試合をすることで、楽しさや喜びを味わうことができる。(競争型)
③ 勝敗が明確である上に、競技中における動きの自由度が高いことから、楽しさや喜びを感じ取ることができる。(遊戯型)

(3) 効果的特性
① 押し、突き、寄り、引き、投げ、捻りといった動作の中で筋は等尺性、短縮性、伸張性といった様々な収縮をしており、全身の筋力や瞬発力あるいは局所持久力などの筋機能を高めるのに有益である。
② 相撲には全身を使った様々な運動が含まれ、敏捷性、平衡性および協応性などの神経、感覚機能や柔軟性の発達にも効果が期待できる。
③ 伝統的所作や礼法を通して、相手を尊重する心、公正な態度および伝統的な考え方を身につけることができる。
④ 相手との攻防の中で、旺盛な気力や冷静さを培うことができる。
⑤ 直接的身体的接触を通して、相手とのコミュニケーションを図ることで、仲間同士の結束力、団結力および信頼感を獲得することができる。

4. 相撲の技術

ここでは相撲の基本練習法を紹介します。

(1) 四 股

四股は、相撲の重要な基本動作です。下半身の強化と共に背筋力も強化し、平衡感覚や柔軟性を養い、重心の確立や体重の移動法も鍛えられます。

① 四股の姿勢
両足を肩幅より少し広く開き、つま先は約120度開く。

膝が直角になるくらいまで腰をおろす。
両手は軽く膝にのせる。

② 軸足に体重を移しながら、軸足の内側と親指に力を入れる。

③ 軸足と上げた足の両方の膝はしっかり伸ばしできるだけ高く上げる。

④ ①に戻る

（2）腰割り

腰割りは、足腰を強くし、重心を安定させる効果があり、股関節の柔軟性や膝の弾力性を高める効果も期待できます。

① 上体を起こした姿勢で、股関節に両手を当てる。
　足幅は四股と同じ広さ。

② 前かがみにならず、垂直にゆっくりおろす。
①と②をゆっくり繰り返す。

(3) 開脚（股割り）

開脚（股割り）は、股関節や体全体の柔軟性を養うと共に、ストレッチング効果により疲労を軽減させる効果があります。

① 脚を180度まで開くようにする。この時、膝関節、足関節が内側にかえらないようにする。

② 膝を伸ばしたまま体を左右に倒して、胸や頭を脚につけるようにゆっくり伸ばす。

③ 頭→肩→胸→腹の順番で地面につくようにする。
（体の固い人は後ろからゆっくり徐々に押してもらう）

（4）すり足（運び足）

　すり足（運び足）は、相撲の足の運び方の基本で、土俵から足の裏を離さず、特に親指に力を入れすり足で運びます。同時に脇を締めあごを引きます。

　前に出て攻めるためには、この基本姿勢を保つ事が重要です。

（5）調体（てっぽう）

　調体は、攻めの基本動作で上半身、下半身のバランスとリズムが要求されます。突き、押しに役立つと共に運び足の動作と連動するため、攻めの基本が身に付く効果があります。

① 両手を柱につけて、四股の足幅で約1メートル離れ中腰の姿勢を作る。

② 片方の手で柱を支え、一方の手（肘）を後方に引く。

③ 後方に引いた手（肘）と同じ側の足を
　　前に出す。
　　脇をしめ体重に乗せて柱を突く。

④ 左右交互に繰り返す。

（6）ぶつかり稽古

　ぶつかり稽古は、一日の稽古の仕上げに行います。相手に胸を出してもらい、おもいきり当たっていきます。押す力、すり足、受け身など相撲のすべてが鍛えられ、持久力、精神力も養われます。最もきつい稽古といわれます。

① 受ける人は相手が当たりやすいように
　　胸を出す。
　　おもいきり全力で当たっていく。

② 両手を相手の脇に肘をしめて当て、額
　　を胸につけ、すり足で押していく。

③ 受ける相手も俵に足を当て、最後の力
を引き出させる。

(7) 受け身

受け身は、柔道の前まわり受け身とほぼ同様で、怪我を防ぐため大切で、ぶつかり稽古の中で行われます。

① 二人で行う場合、相手の右（左）胸に額を当てる。

② 右（左）から踏み込む。相手は軽く肩を押す。

③ 右（左）肩から回転する。

(8) 応用的技術

また、応用的技術は、以下のとおりです。

① 押し

相撲の基本であり、まわしを取らず相手の両脇の下に手のひらを当て、脇をしめて前に攻める（はず押し）。下から上に相手を浮かせることが大事である。

② 突き

手のひらで相手の胸や肩を突いて攻め相手の上体を起こし崩す。手の回転と足がバランス良く出ることが大事である。

③ 押っつけ

相手が差そうとする時、相手の差し手の肘を自分の手のひらを当て、自分の腰を踏み込んで防ぐ技術である。

④　寄り

　相手に十分な型を作らせず土俵の外に出す。腕(かいな)を返すことで相手の上体が浮き、まわしを取らせずに攻めることができる。

⑤　いなし

　相手が押してくる時、体を開きバランスを崩す。

　左（右）の足を引きながら体を開くと同時に、相手の肩や上腕を押すことにより、相手の前へ出てくる力を逃す効果がある。

⑥　はたき

　低い姿勢で相手が攻めてきた時に、体を開き相手の肩や背中をはたいて倒す。

　実践では立ち合いの変化で決まることも多くある。

　突き、押しが得意な選手はこのはたきも得意とすることが多い。

（9）出し投げ（上手、下手）

　出し投げは、相手のまわしを取り、片方の足を引きながら体を開き、肘で下へ崩すように打ちます。これは小兵な選手が大型の選手に対して効果のある攻めの一つです。

① 前まわしを引き付け、相手の胸に頭をつける。

② 片方の足を軸に、一方の足を後方に引きながら体を開き相手を横に出す。

③ 肘をしめ、下へ投げを打つ。

　出し投げには、上手投げと下手投げの2つがあります。

① 上手投げ

これは投げ技の決まり手で最も多いのがこの技で、見た目も豪快です。上手でまわしを引き付け、体を開き、投げを打ちます。出し投げはまわしの浅い所を取る（前まわし）のに対し、上手投げは深くしっかり引き付けます。

② 下手投げ

上手投げと共に代表的な投げ技です。下手から投げを打ちますが、実践では上手投げと下手投げの打ち合いの中で使われることが多いです。（左上手投げと右下手投げの打ち合い）

5. 教育現場での実践 ― 武道必修化と相撲の授業 ―

（1）学校体育での教育的価値

　武道は、武技、武術などから発生した我が国固有の文化で、相手の動きに応じて、基本動作や基本となる技を身に付け、相手を攻撃したり相手の技を防御したりすることにより、勝敗を競い合う楽しさや喜びを味わうことができる運動です。

　また、武道に積極的に取り組むことを通して、武道の伝統的な考え方を理解し、相手を尊重して練習や試合ができるようにすることを重視する運動です。

　本単元で取り扱う相撲は、武道の中でもルールが分かりやすく、勝敗が明確であるため、武道を経験したことのない人でも、簡単に取り組むことのできる運動です。また、相手と直接組み合って攻防を行うため、相手とのかけ引きを楽しんだり、相手を尊重する心を育てたりすることができます。中学生の時期は、周囲と自分との位置づけや、友達との関わり方などに悩む時期です。相撲

の特性でもある、直接組み合って練習したり、攻防したりしていく中で、自分や仲間の安全に配慮したり、相手とのかけ引きを楽しみながら、仲間との関わり方について考えさせます。

　また、3間（仲間・空間・時間）の減少などにともなって、1960年代から子どもの体力は低下の一途をたどっています。相撲は短い時間の中で、全身を動かして行うため、体力の向上に適していると考えられます。その中でも、相手の力を利用したり、相手の動きに応じた動きを基本動作としたりしていることから、特に巧緻性や瞬発力、柔軟性を高めていくものです。

（2）取り組み内容（単元計画）

1時間目	・まわしの締め方　・礼法（立礼、蹲踞、塵手水）　・礼法の試合
2時間目	・礼法（立礼、蹲踞、塵手水）　・補強運動（四股、腰割） ・手押し相撲、手引き相撲
3時間目	・受け身（手押し ⇒ 後方受け身、手引き ⇒ 横受け身） ・仕切りからすり足　・簡易相撲
4時間目	・受け身、仕切り、すり足復習 ・「押し相撲」を3人一組で練習　・簡易相撲
5時間目	・グループ練習　・簡易試合
6時間目	・「寄り相撲」「ひねり」の練習（もろ差し、右四つ、左四つ） ・簡易試合
7時間目	・試合
8時間目	・団体戦

（3）単元の評価規準

　（第1学年の評価規準は、○数字で示している。　・は第2学年で評価する）

第5章 相撲の教育的価値 105

ア 運動への関心・意欲・態度	イ 運動についての思考・判断	ウ 運動の技能	エ 運動についての知識・理解
①武道の学習に積極的に取り組もうとしている。	①技を身に付けるための運動の行い方のポイントを身に付けている。	①相撲では、押したり寄ったりするなどの攻防を展開するための相手の動きに応じた基本動作から、基本となる技ができる。	①武道の特性や成り立ちについて、学習した具体例を挙げている。
②相手を尊重し、伝統的な行動の仕方を守ろうとしている。	・課題に応じた練習方法を選んでいる。		②武道の伝統的な考え方について理解したことを言ったり書き出したりしている。
③分担した役割を果たそうとしている。	②仲間と協力する場面で、分担した役割に応じた協力の仕方を見付けている。		③技の名称や行い方について、学習した具体例を挙げている。
④仲間の学習を援助しようとしている。	③学習した安全上の留意点を他の練習場面に当てはめている。		④武道に関連して高まる体力について、学習した具体例を挙げている。
⑤禁じ技を用いないなど健康・安全に留意している。			・試合の行い方について学習した具体例を挙げている。

(4) 学習の目標
① 武道の伝統的な考え方や礼法（「礼に始まり礼に終わる」）を理解しよう。
② 基本動作と受け身ができるようになろう。
③ いくつかの技を確実にできるようになろう。
④ 禁じ技をかけないことや、無理な防御をしないことなど、相手を尊重して、練習や試合ができるようになろう。
⑤ まわしの着方を理解し、正しく身に付けることができるようになろう。

⑥ 自分や仲間が、安全に活動ができるように、施設の安全や用具の安全に気を配ろう。
⑦ つめを切ったり、長い髪は束ねたりするなど、授業の前までに身だしなみを整えておこう。

(5) 授業の様子
① 礼法、補強運動（腰割）

・礼法では、立礼、蹲踞、塵手水を行った。塵手水の由来についても学習し、「礼に始まり、礼に終わる」を意識しながら学習を進めた。
・補強運動では、四股や腰割を毎時間行った。普段使わない筋肉を使っているため、最初は10回もできなかったが、継続して行うことで体幹が鍛えられ、全員連続で10回できるようになった。

② 受け身

- 受け身では、後方受け身と横受け身を学習した。頭を打つことが危険であることを理解した上で、自分が頭を打たないこと、相手が頭を打たないように気を配ることを意識して学習を行った。
- 後方受け身では、低い位置からの受け身、高い位置からの受け身、手押し相撲からの受け身など、段階的に練習を行った。
- 後方受け身の練習を行う際には、無理に耐えることを目標にするのではなく、受け身をタイミングよくとることを目標とすることで、積極的に受け身を行うことを意識して学習を進めた。
- 横受け身では、相手の手を持って支えることで相手の安全に気を配ることを意識させながら学習を行った。

③ 基本動作（すり足）

- 腰を下ろすこと、すり足を行うこと、頭をつけることが強さの秘訣であることを理解した上で、基本動作の学習を進めた。
- 押し相撲の練習では、グループ内で「受け」「取り」を交代しながら練習していくことで自分の優位な体制について学習を深めることを意識させて行った。

④　試合

- 試合では、「押す」「寄る」を中心に個人戦、団体戦を行った。
- 個人戦では、1～4のマットを設定し、「勝てば上のマットへ上がる」「負けたら下のマットへ下がる」という方法で個人戦を行った。勝ち上がり制にすることで、力が同じ人と試合が行えるように工夫した。
- 試合をしていない生徒がマットの周りで補助をしたり、審判をしたりすることで、安全面へ配慮することや、公平な態度で勝敗をつけることを身につけさせた。
- 団体戦では、個人戦の結果からチームを編成し、リーグ戦を行った。団体戦を行うことで、チームの中で教え合ったり、仲間を応援したりする場面を増やした。

(6) 成果

① ほとんどの生徒がテレビなどで相撲を見たことがあり、生徒にとって身近なスポーツであることから、相撲の学習にスムーズに取りかかることができた。しかし、女子生徒にとって相撲のイメージは「恥ずかしい」という意見が多く、最初は相撲への関心が低かったが、授業を進めていくうちに意欲が高まっていった。

② 「礼に始まり、礼に終わる」の中でも、相手がいてこそ試合ができるということを常に意識させて学習を行った。そうすることで、自分や相手の安全に気を配ったり、自分のことだけでなく、相手のことを考えながら練習を行ったりすることができた。

③ 相撲は「押す」「引く」など、難しい技術がなくても試合を行うことが

できることから、運動が苦手な生徒も楽しみながら練習や試合を行うことができた。
④　相撲の授業の導入で行った四股や腰割では、普段使われない筋肉を使ったり、体幹を鍛えられたりすることから、他の競技にも活用できることが分かり、トレーニングの一環として導入する部活もあった。

（7）課　題
①　施設の安全面において、練習中や試合中に相撲マットの周りの床に倒れてしまったり、マットとマットの間の段差に爪が引っかかってしまったりすることがあった。相撲マットが土俵の大きさに作られていることから、その周りの安全面の配慮をしていく必要があった。
②　今回の相撲の授業では、「押す」「寄る」を中心に練習や試合を行ったことで、危険な行為はほとんど見られなかった。しかし、「投げ」などの学習に進んだ場合には、試合中に無理をするとケガにつながることも予想されることから、学習内容をしっかり検討していく必要がある。

6．指導者として

　近年、スポーツ現場での行き過ぎた指導によるあってはならない暴力行為、事故等、決して他人事ではない様々なケースが起こっています。我々武道に携わる者としても、初心に戻り襟を正して行動しなければならないと思います。
　日本相撲連盟が掲げている相撲綱領を常に肝に銘じて相撲に携わって行きたいです。
　最後に、日本相撲連盟の相撲綱領を紹介すると、以下のとおりです。

　　相撲綱領（日本相撲連盟）
　　　相撲は、迫力とスピード感あふれる近代的スポーツであると同時に、長い歴史と伝統を持った日本の国民的文化でもある。私たちは、相撲を愛し、相撲の鍛錬をすることによって、たくましい肉体とねばり強い精神をつくりあげ、心身ともに立派な人間として社会のために大いに貢献するよう心掛けなければならない。

そして又、私たちは、このようなすばらしい相撲を世界中の多くの人々に親しんでもらうように、相撲を世界に広めていくよう努めなければならない。
　ここに、相撲に携わる者（以下「相撲競技者」という）として心すべき事項を掲げ、各人の努力精進のよすがとするものである。

○相撲競技者は、常にスポーツマンとしての自覚と誇りを持ち、健康に努め、明るく、正しく生活しなければならない。
○相撲競技者は、相撲を取るに当たっては、技量の向上及び健康の保持増進を旨としなければならない。
○相撲競技者は、勝敗にこだわることなく、全力を尽くしたことに喜びを感じるとともに相手の健闘をたたえ、終始礼儀正しく行動しなければならない。
○相撲競技者は、競技者規則を守り、審判の判定に従い、常にフェアプレーの精神に基づいて競技しなければならない。
○相撲競技者は、体力の優劣にかかわらず、合理的かつ科学的な考え方の下に精進を重ね、個性を発揮しつつ、自己の可能性を不断に追及するよう努めなければならない。
○相撲競技者は、積極果断、沈着冷静、不撓不屈、質実剛健な精神力を養うとともに、先輩への敬慕と後輩への慈愛の念、他者への思いやりや周囲への気配り等、豊かな心をはぐくむよう努めなければならない。
○相撲競技者は、誰もが相撲に親しみやすく、取り組みやすくなり、国内はもとより海外においても競技者人口が増加していくよう、常に研究及び普及指導に努めなければならない。

協　力
広島市立高取北中学校教諭、頼政瞳
技術指導、広島県立竹原高等学校教諭、相撲部監督、谷崎大樹
写真協力、広島県立竹原高等学校、相撲部員

参考文献、資料
石井鶴三等監修、『相撲百年の歴史』、講談社、1970年.
日本体育大学武道学相撲研究室、『見る・学ぶ・教えるイラスト相撲』、五月書房、1985年.
国士舘大学体育学部相撲研究室、『基礎から学ぶ相撲』、図書刊行会、1996年.
公益財団法人日本相撲連盟、日本相撲連盟規程集

公益財団法人日本相撲連盟、中学校体育相撲指導の手引き
公益財団法人日本相撲連盟、日本体育協会公認相撲指導者養成講習会レジュメ
公益財団法人日本相撲連盟公式ホームページ（http://www.nihonsumo-renmei.jp/）
日本女子相撲連盟公式ホームページ（http://joshisumo-renmei.jp/）
公益財団法人全国高等学校体育連盟、統計資料

第6章
空手道の教育的価値

1. 唐手から空手へ

　今日の空手道の源流が、中国拳法であることは、この武術を唐手と呼んでいたこと、「形」名（古くは「型」の字が使われていましたが現在は「形」の字を使用、以後、引用以外これを使用）のほとんどが中国音であることからも明らかですが、近代空手道の始まりを考えると、明治30年代後半より沖縄県立師範学校、沖縄県立第一中学校で体育の中に正課として取り入れられています。このとき、嘱託師範の糸洲安恒氏は、学校体育にふさわしくないと思われる危険な技、例えば、貫手による目潰しを手刀打ちあるいは裏拳に、下段の蹴り（金的蹴り）を上段蹴りに、逆関節技を手刀受けに変更するなど、従来の「形」の手直し（大きく手直しした「形」は「形」名の後に大、あまり手直ししていない「形」は「形」名の後に小をつけています）、あるいは平安初段～平安五段のような「形」を創作しています。
　明治41（1908）年に、沖縄県の学務課からその効果について諮問を受けたときの答弁書が次に示す、今日「糸洲十訓」（【コラム②】（P127）参照）といわれるもので、富国強兵の時代背景を考慮しても、空手道の教育的価値について公に述べた最初の文書です。

　　「糸洲十訓」
　　　唐手は儒仏道より出候ものに非ず往古昭林流昭霊流と云う二流支那より伝来し

たるものにして両派各々長ずる所ありて其儘保存して潤色を加ふ可らざるを要とす仍而心得の条左（下）に記す。
　　　　　よって

1　唐手は体育を養成する而己ならず何れの時君親の為には身命をも不惜義勇公に報ずるの旨意にして決して一人の敵と戦ふ旨意に非ず就ては万一盗賊又は乱法人に逢ふ時は成たけ打ちはずし盟て拳足を以て人を傷ふ可らざるを要旨とすべき事
2　空手は専一に筋骨を強くし体を鉄石の如く凝堅め又手足を鎗鉾に代用するを目的とするものなれば自然と勇武の気象を発揮せしむ就ては小学校時代より練習致させ候はば他日兵士に充るの時他の諸芸に応用するの便利を得て前途軍人社会の一助にも相成と存知候尤もウェリントン候がナポレオン一世に克く捷せし時曰く今日の戦勝は我国各学校の遊戯場に於いて勝てる云々実に格言とも云う可き乎
3　唐手は急速には熟達致し難く所謂牛の歩の寄りうすくとも終に千里の外に達す云ふ格言の如く毎日1、2時間位精入り練習致し候はば3、4年の間には通常の人と骨格異い唐手の蘊奥を極める者多数出来可致と存候事
4　唐手は拳足を要目とするものなれば常に巻藁にて充分練習し肩を下げ肺を開き強く力を取り又足も強く踏み付け丹田に気を沈めて練習すべく最も度数も片手一、二百回も衝くべき事
5　唐手の立様は腰を真直に立て肩を下げ力を取り足に力を入れ踏立て丹田に気を沈め上下引合する様に凝り固めるを要とすべき事
6　唐手表芸は数多く練習し一々手数を聞き届け是は如何なる場合に用ふべきかを確定して練習すべし且入受はずし取手の法有之是又口伝多し
7　唐手表芸は是れは体を養うに適当するか之用を養うに適当するか予て確定して練習すべき事
8　唐手練習の時は戦場に出る気勢にて目をいからし肩を下げ体を堅め又受けたり衝いたりする時も現実に敵手を受け又敵に突当たる気勢の見へる様に常々練習すれば自然と戦場に其妙相現はるものになり克々注意すべき事
9　空手の練習は体力不相応に余り力を取過しければ上部に気あがりて面をあかめ又眼をあかみ身体の害に成るものなれば克々注意すべき事
10　唐手熟練の人は往古より多寿なるもの多し其原因を尋ねるに筋骨を発達せしめ消化器を助け血液循環を好くし多寿なる者多し就いては自分以後唐手は体育の土台として小学校時代より学課に編入り広く練習致させ候はば追追熟練1人

にて10人勝の輩も沢山可　致出来と存候事

右（上）10ヶ条の旨意を以て師範中学校に於て練習致させ前途師範を卒業各地方学校へ教鞭を採るの際には宜敷御手論各地方小学校に於て精密教授致させ候へば10年以内には全国一般へ流布致し本県人民の為而已ならず軍人社会の一助にも相成可申哉し筆記して備高覧候也（原文のまま）

明治41（1908）年戌申10月　糸洲安恒
（坂上隆祥、『空手道型大鑑』と金城裕、『唐手大鑑』より）

これらの努力により唐手は、近代空手道へと変貌していくわけですが、あくまでも沖縄県という中でのことでした。

日本全土に唐手が広まっていく契機となったのは、大正11（1922）年柔道の嘉納治五郎師範が第1回体育展覧会に沖縄県の学務課より慫慂を受けて上京中であった富名腰義珍、東京商科大学（現一橋大学）の学生であった儀間真謹の両氏を、当時、旧小石川区下富坂町に在った講道館に招いての唐手の招待演武会です。この成功により、またその後、本部朝基、宮城長順、摩文仁賢和などの方々の努力により本土に唐手が広まりました。

こうした中で、帝都を中心に各大学に唐手研究会が発足しました。誕生順にいくつかを紹介すると、以下のとおりです。

大正13（1924）年 慶應義塾大学、大正15（1926）年 東京大学
昭和 2（1927）年 東洋大学、　　昭和 4（1929）年 立命館大学
昭和 5（1930）年 拓殖大学、　　昭和 8（1933）年 早稲田大学
昭和 9（1934）年 東京農業大学、昭和 9（1934）年 法政大学
昭和11（1936）年 明治大学、　　昭和11（1936）年 立教大学
昭和12（1937）年 同志社大学、　昭和14（1939）年 京都大学
昭和15（1940）年 日本大学医科、昭和15（1940）年 関西大学
（学空連「50年のあゆみ」　全日本学生空手道連盟記念誌より）

こうした動きの中で、富名腰義珍師範が昭和10（1935）年、その著書『空手道教範』で唐手術を空手道と改められました。その理由の一部を紹介すると、以下のとおりです。

1 「唐手」の文字では中国拳法と同一視されることも有り、既に日本の武術となっている今日、「から手」は今後「空手」と改める。
2 　空の意義
(1) 空手は徒手空拳にて身を護り敵を防ぐの術である。空手の「空」字は一に之による。
(2) 宇宙の色相は観じ来れば一切空に帰する。而して空は即ちこれ一切の色相に外ならぬ。柔・剣・槍・杖・武術の種類は数多くあるが、詮じ来れば悉く空手とその撰を一にする。即ち空手は一切武術の根本である。色即是空、空即是色、空手の「空」は亦一に之による。
3 　術から道へ
　真の空手、即ち「空手道」なるものは、内には俯仰天地に恥じざる心を養い、外には猛獣をも慴伏せしめる威力がなければならん。心と技と内外兼ね備わって始めて完全なる「空手道」と言えるのである。
　空手道を修める者は、礼儀を重んじなければならぬ。礼儀を失った空手は既に空手の精神を失っている。礼儀は単に稽古中のみではなく行住坐臥、如何なる場合でも重んじなければならぬ。
　空手道を修める者は、常に謙虚の心と温和な態度を忘れてはならぬ。
　空手道を修める者は剛毅武勇の風を養わねばならぬ。剛毅武勇の風とは決して強そうな格好をする意味ではない。また技さえ鍛えればよいというのではない。形よりも心について言うのである。一旦事ある場合、自ら正しいと信じたら千萬人の反対をも押切り、いかなる困難も辞せぬという意気がなければいけない。優柔不断は空手道修行者の最も恥ずべき事である。
4 　空手の価値
　体育として　空手は其の組織が五体を左右・上下均勢に動かす事になっているので、一方に偏する憂いは全くない。これが先づ体育としての価値の第一に挙げられよう。
　形一つ使うのは普通１分乃至２分で足りる。而も熟練すればする程、動作は敏捷になり、運動は活発となって短時間の割合に十分の運動量を有している。「運動はしたいが時間がない」と言う様な人の多くなった今日の時勢に於いては最も理想的な体育である。時間を要せぬこと、これが体育としての価値の第二に挙げられよう。
　空手は、何らの武器も要らぬ、何らの相手も要せぬ。庭先でも、座敷でも、廊下でも、随時随所で、思い立った時に直ちに練習する事が出来る。これが第三に

あげられる空手の体育的価値である。

　空手は虚弱な者にも、女子や子供にも、老人にも容易に練習する事が出来る。即ち各自、体力に応じて行えばよいので、一運動が僅か1分乃至2分で過激に亘るとか、疲労を覚えるとか、危険を伴うとかいう様な心配は全くない。而も追々身体が出来、技が熟練してくれば自然と力が入る様になり、血気の壮者が練習するとしても運動量は十分で、練習を積めば積むほど運動力が強大となるのが空手の長所である。これを体育的価値の第四に挙げて置きたい。

　その他、単独でも、団体でも練習し得るという事も体育として空手の優れている特点である。単に体操としてみても、一挙手一投足すべて意義があるので、習うにも面白く、又色々と形に変化があるので、之を覚えるのが楽しみとなり、恐らく非常な効果をもたらすであろうと思われる。

2. 流派について

　前出の『空手道教範』によると「形」の上から大別すると、重厚堅固、体力を練り筋力を鍛えることを主とした昭霊流と、軽捷機敏、進退隼の如き早業を習うに適した少林流と2つある（この分類については諸説あるようで、1938年出版の摩文仁賢和・仲宗根源和著『攻防拳法空手道入門』の中で少林流と昭霊流の分類は根拠不明）といっていますが、今日に繋がる流派名が一般に公開されたのは、昭和15（1940）年、旧大日本武徳会（武道団体を統括する国家的団体で登録するには流派名が必要）が主催する紀元二千六百年奉祝・第44回武徳祭（京都武徳殿）での演武会です。

　現在、4大流派と言われている「松涛館流」（流祖、富名腰義珍、流派名は流祖の書号「松涛」による。上記分類によると、「形」の系統は少林系、以下同様）、「和道流」（流祖、大塚博紀、流派名は当時、東京大学空手部主将の江里口栄一が流祖と相談し命名。流祖は神道揚心流の柔術を修め、空手を研究、「形」の系統は少林系に柔術を融合）、「剛柔流」（流祖、宮城長順、流派名は沖縄伝・武備志の中に記されている拳法大要八句〈拳法を修業する者の心構えを述べたもの〉の中の「人心同天地・血脈似日月・法剛柔呑吐・身随時応変・手逢空則入・碼進退離逢・目要視四向・耳能聴八方」による。「形」の系統は昭

霊系)、糸東流（流祖、摩文仁賢和、流派名は流祖が少林系の糸洲安恒、昭霊系の東恩納寛量の両師範に師事された事による）もそろって参加しています。

3. 競技空手

　学空連「50年のあゆみ」によると、昭和21（1946）年GHQから軍国主義の鼓舞に繋がるとして「学校武道禁止令」が発令され、柔道・剣道等は学校から姿を消しました。一方、空手は未だ普及率が低かったため禁止令を免れました。空手は他の武道に代わって当時の学生エネルギーの受け皿として大学間に急速に広まりました。また、空手部の生まれた大学間での相互交流を求める声が強まり、その要望に応えるには、それまでにもあった交換稽古や合同演武会ではなく競技化に踏み切ることが近道であるとの考えが芽生えていきました。そして、それまでに研究されてきた「試合規則（組手競技規定）」により昭和32（1957）年、関東・関西のOB達の尽力により、第1回全日本学生空手道選手権大会が開催されました（九州地区では昭和29（1954）年から組手競技規定を作り、組手競技を行ったという記録があります）。

　これには2つの大きな意義がありました。1つは、流派を超えて競技が可能なこと、もう1つは、試合制度を通して学生空手界が大同団結できたことです。このことは後の空手界発展のきっかけとなりました。

　また、昭和39（1964）年、東京オリンピックの年、空手界も流派を超えて大同団結し、競技団体「全日本空手道連盟」が設立され、競技としての空手は全日本空手道選手権大会の開催、国体種目となりました。そして、今日「世界空手連盟」のもと世界空手道選手権大会が開催されるようになり、2020年東京オリンピックの正式種目にもなり国民の間にスポーツ空手として定着していきました。

4. 競技規定についての考察

格闘技を競技化するに当たって考慮すべきことは、以下のとおりです。
① 勝ち負けを判定すること
② 競技者の安全を確保すること
③ その格闘技の特性を活かすこと
④ 公平な条件で競技すること

特に①と②は、格闘技においてはその性格上、相矛盾するところがありルールも色々と考えられ、改訂を重ねて今日に至っています。

空手の組手競技も同様で初期の頃は、俗に言う「寸止め」一本勝負で、手技足技に優劣はなく、攻撃部位に、タイミング、間合い、攻撃姿勢、気力、残心等を満たして技が極まれば一本、一本を基準にしたとき、その九割程度の技を「技あり」とし「技あり」2つで一本としました。例外は下段（金的）の蹴り（今日では禁止技）で、軽微でも極まれば一本でした。しかし「一本」と「技あり」の区別は、審判（主審1人、副審4人）の判断で、観客には分かりにくいものでした。また、するスポーツだけでなく観る事によるスポーツへの参加と言う観点からも、次のことが求められます。
⑤ 観客に分かりやすいルールであること

現在（2016年時点）では組手競技は得点（ポイント）制で、勝敗は競技時間（男子3分間、女子2分間）内に8ポイント差、または時間終了の際に得点の多い競技者、または判定により、または、相手に反則、失格、棄権が課せられることにより決まる、に改訂されています。また、競技中の事故を防止するため、安全具の研究、開発が行われ指定の安全具の着用が義務付けられています。

3ポイント	上段蹴り。投げられた、または自ら倒れた相手に極めた技
2ポイント	中段蹴り
1ポイント	攻撃部位に極めた、突き、打ち

③については、現在、競技を円滑にするために両手で相手をつかむ（投げる

ため、防御のため）ことを禁止しています。

④については、性別、年齢別、体重別等による区分が行われています。

　組手に少し遅れて形競技が始まり、「形」を競技化するに当たっては、賛否両論がありました。それにより競技人口が増加したことは、空手道界にとってメリットでもありましたが課題でもありました。国内で形競技規定に定められている形は、原則、全日本空手道連盟設立以前に存在したと認められる「形」で次に示す、全空連得意形のリストにあるものでなければなりません。

　全空連得意形のリストは、以下のとおりです。

剛柔流形
1. サンチン
2. サイファ
3. セイユンチン
4. シソーチン
5. サンセール
6. セーサン
7. セーパイ
8. クルルンファ
9. スーパーリンペイ
10. テンショー

和道流形
1. クーシャンクー
2. ナイハンチ
3. セイシャン
4. チントウ
5. バッサイ
6. ニーセーシー
7. ローハイ
8. ワンシュー
9. ジオン
10. ジッテ

松涛館流形
1. 抜塞大（バッサイダイ）
2. 抜塞小（バッサイショウ）
3. 観空大（カンクウダイ）
4. 観空小（カンクウショウ）
5. 鉄騎初段（テッキショダン）
6. 鉄騎2段（テッキニダン）
7. 鉄騎3段（テッキサンダン）
8. 半月（ハンゲツ）
9. 十手（ジッテ）
10. 燕飛（エンピ）

11. 岩鶴（ガンカク）
12. 慈恩（ジオン）
13. 壮鎮（ソーチン）
14. 二十四歩（ニジュウシホ）
15. 五十四歩大（ゴジュウシホダイ）
16. 五十四歩小（ゴジュウシホショウ）
17. 珍手（チンテ）
18. 雲手（ウンスー）
19. 明鏡（メイキョウ）
20. 王冠（ワンカン）
21. ジイン

糸東流形

1. ジッテ
2. ジオン
3. ジイン
4. 松風（マツカゼ）
5. ワンシュー
6. ローハイ
7. バッサイ大（バッサイダイ）
8. バッサイ小（バッサイショウ）
9. 泊バッサイ（トマリバッサイ）
10. 松村バッサイ（マツムラバッサイ）
11. コウソウクンダイ（公相君大）
12. コウソウクンショウ（公相君小）
13. シホウコウソウクン（四方公相君）
14. チントー
15. チンテー
16. セイエンチン
17. ソーチン
18. ニーセイシ
19. 五十四歩（ゴジュウシホ）
20. ウンシュー
21. セイサン
22. ナイファンチン初段（ナイファンチンショダン）
23. ナイファンチン2段（ナイファンチンニダン）
24. ナイファンチン3段（ナイファンチンサンダン）
25. アオヤギ
26. 十六（ジュウロク）
27. ニーパイポ
28. サンチン
29. テンショー
30. セイパイ
31. サンセール
32. サイファ
33. シソーチン
34. クルルンファ
35. スーパーリンペイ
36. ハッファー
37. パーチュー
38. ヘイクー
39. パイクー
40. アーナン
41. アーナンコー
42. アーナン

43. チャタンヤラ・クーサンクー　　44. 松村ローハイ（マツムラローハイ）

また、その他の形は、以下のとおりです。ただし、これらは国内競技会に限ります。
1. サンサイ
2. 得意形リストと同名の昭和39年9月30日以前に存在したと判断された形

また、評価については、「競技者、またはチームの演技を評価するに当たり、審判団は基準となる主な3項目（一致性、技術面、競技面）に基づき評価する」としています。

形演武	分解演武
	（メダル獲得に係わる団体戦）
(1) 一致性	(1) 一致性（形の）
本来の形及び其の流派の基準に従っているかどうか	形演武での実際の動きを使用しているかどうか
(2) 技術面	(2) 技術面
a．立ち方	a．立ち方
b．技	b．技
c．流れるような動き	c．流れるような動き
d．タイミング・同時性	d．タイミング
e．正確な呼吸法	e．コントロール
f．極め	f．極め
g．技の難易度	g．技の難易度
(3) 競技面	(3) 競技面
a．力強さ	a．力強さ
b．スピード	b．スピード
c．バランス	c．バランス
d．リズム	d．タイミング

この中で、特に形演武の「(1) 一致性」の評価が非常に困難（上記の各流派の形全てに精通する事は多くの場合、ほとんど不可能）です。そのため、将来、創作形の問題も起こる可能性も指摘されています。

5. 空手道を学ぶ態度

　「空手に先手なし」則ち「空手を学ぶ者は決して自分から事を起こしたがる様な好戦的態度を取ってはならず、常に温恭謙譲の美徳を以て人に対せよ」という意味を正しく解すべきであります。（摩文仁賢和・仲宗根源和著『攻防拳法空手道入門』より）

　今日、武道を学ぶ者は、基本から始まり約束しての攻防を経て実戦（競技）の順序で学びますが、歴史的に観れば、実戦が先で基本とか「形」は後からできたもので、決して基本や「形」が先にあったのではないのです。そのため、上達の早道として、先達が創ってきた一つひとつの基本でどういう身体の使い方を教えようとしているのかを深く吟味・追求しながら学ぶ必要があると思います。

　また「形」についても同様で「糸洲十訓」にもある通り、よくよく挙動の意味を吟味し、身体の使い方を研究し、学んでいく態度が必要です。また、「型」の練習や演武にあたっては、次の要点に注意し真剣に行わなければなりません。

　1　礼に始まり礼に終わる。
　　「型」のはじめと終わりの礼は、修行者にとっては心の形である。寸分の隙もない礼こそ武道を志す者の必須条件である。
　2　3大要素が融合している。
　(1) 技法の変化
　　1つの「型」には幾種類かの技法が含まれている。これらの技法を習得することが練習に際して最も大事な事である。
　(2) 気息の呑吐
　　技法の動きに応じた「息使い」をし、常に呼吸を乱さないことが肝要である。

(3) 重心の移動

　重心の安定がなければ、いかなる巧妙な技法、軽快な転身も無為に終わる。特に利き腕、利き足の方に重心が片寄りがちになるので注意すること。

3　正しく反復練習する

　「型」は順序通り正しく体を何度も動かすことで完全に自分のものとして消化しなければならない。「型」の順序を違えたり頭の中で考えながら行っているようでは意味がない。たえず正しく反復練習をし、咄嗟の場合にすぐ応用できるよう修得しなければならない。

4　目は常に目標から離さない

　眼は心の窓というように眼を見ていると相手の技を起こす心を知ることができる。敵が眼前にいるものと仮想して、常に目標から目を離さない。次の動作に移る時にも目標を正しく判断して行うことが大切である。

5　各動作の意味をよく理解する

　「型」の特徴や動作の意味を正確に理解し、その応用動作まで研究することが必要である。

6　演武線を正確に転進、後退する

　「型」には移動方向を定めた八方の演武線がある。「型」の始まる位置と終わりの位置は、特殊な「型」以外はほぼ同一点に戻る。「型」の演武中、立ち方の位置や歩幅が不正確だと元の位置に戻らなくなるので注意しなければならない。

7　終わりの残心が大切である

　古来より日本武道は残心を特に重視している。「型」の内容が立派にできても残心がなければ無為に終わる。

(坂上隆祥、『空手道型大鑑』より)

　組手は、「形」によって習得した技を二人相対して実地にあてはめて行う、攻撃・防御の実際的な練習方法です。また、組手は、相手を前においての攻防の動作です。そのため、不自然な無理な技を使ったりすると、体勢が乱れるので、この点をよく注意して練習しなければなりません。組手には、「基本組手」（流派・会派によって内容は異なるが予め約束をして攻防を交互に行う）と「自由組手」があります。自由組手は、柔道の乱取りに相当するもので、若干の禁じ手があるだけで、自由に技を出し合い実戦とまったく変わらないのです。次に自由組手を練習する上で重要な基本的な構え方・立ち方・目のつけ方・間合い・技をほどこす好機については、以下のとおりです。

1　構え方

　攻守両様に動きのできる構え方でなければならない。立ち方は後に述べるが、体は半身になり、腰はすこし落とし気味にしてまっすぐ立ち、頭は前後・左右に傾かないよう顎を引いて正しく保ち、上体をまっすぐにする。前の腕は少し曲げて脇を守るようにして、その拳の延長線が相手の人中に伸びるように構え、後の腕は肘を曲げて水月のところに構える。このとき肘などの不要な力はぬき、肩を落とし、みぞおちの力をぬき、自然に丹田に重心が落ちるようにして構えるのである。

2　立ち方

　立ち方には色々あるが、足幅は前屈立ちより心もち狭く、腰は少し落とし気味にして、両足に体重を等分にかけ、膝は少し屈して、余裕を持たせて軽く立ち、両足とも足底指先に力を入れ、両踵は床と紙一重の心もちで、両足をなんとなく内側に引きしめて軽く立つようにする。

3　目のつけ方

　相手の顔に見方が固着すると、他が見えなくなる。また相手の蹴りを警戒して目が下部に固着すると上部が見えなくなる。要するに、相手の頭上から爪先まで、一挙一動が明確に観察できるように、相手を一体として見なければならない。それには目の前の相手を遠いところをのぞむような心もちで、目を中心として相手の全体を見る目のつけ方をしなければならない。

4　間合い

　相手を前にして闘う場合に、相手との距離をいかに取るかということは、闘いの駆け引きとして最も大切である。間合いとは、相手との距離で、一歩踏み込んで相手を突き・蹴りで極めることができ、一歩退けば相手の攻撃をさけることができる相互間の距離である。

　したがって、各人の体格や技術などによって、間合いは、多少は異なる。間合いの理想としては、相手からは遠く、自分からはより近く、ということで、このような有利な間合いを体得する事が大切である。間合いはこのように勝負を決する上で重要な意味をもつものであるから、その要領や呼吸をよく研究して体得することが肝要である。

5　技をほどこす好機

　先を取って攻めるのも、後の先を取って攻めるにも、相手のスキに乗じて技をほどこさなければ効果はない。スキは心のスキ・構えのスキ・動作のスキの三つにわけられるが、次に動作によって起こるスキ、則ち攻めの好機について述べる。

(1) 技を起こそうとするところ
　相手が攻めようという気に満たされて、防御の方が不充分であるから、その瞬間にスキができやすいので、それを利用して攻めるのである。
(2) 技の尽きたところ
　相手がある技によってこちらを仕留めようとし、又は連続的に攻めてきて、それを防がれてどうする術もなくなって、技が止まったところを攻める。
(3) 居着いたところ
　武道では驚いたり、臆したり、疑ったり、迷ったりすることを堅く戒めている。このような時は体が居着いて固くなっているので、こちらから攻める。
(4) スキをつくらせる
　互いにスキが見出せない時は、手の牽制などを使って相手を誘い、又は足で下段に誘いを掛けて上部にスキをつくらせて上段を攻める。このように手足で誘って相手にスキをつくらせ、そのスキに乗じて攻め込むのであるが、誘いは下手にやると、かえって自分のスキをつくり相手に攻め込まれる恐れがあるから、（誘い技も）本当に突き・蹴るつもりで技を活かして使わなければならない。または、連続的に技をほどこして、相手に応戦の暇がないようにしておいて、姿勢がくずれスキが生じたところを、すかさず攻める。
　以上の点を研究しながら、自由組手を練習してもらいたい。自由組手は技が乱れやすいから「形」などと併せて練習し、基本的にも確りして、しかも強力な技を身につけるように注意して練習することが肝要である。

（中山正敏、『ベスト空手　組手1』より）

　現在では多くの場合、競技をすること（ルールによって勝敗を決める）を前提に学びますが、格闘技は、本来「無差別」「ルールなし」であったことにも気を配る必要があると思います。

主な参考・引用文献
藤原稜三、『格闘技の歴史』、ベースボールマガジン社、1990年.
儀間真謹・藤原稜三、『対談　近代空手道の歴史を語る』、ベースボールマガジン社、1986年.
大塚博紀、『空手道　第一巻』、大塚博紀記念道場維持会、1981年.
金城裕、『唐手大鑑』、出版館ブッククラブ、2003年.
富名腰義珍、『空手道教範』（復刻版）、大倉廣文堂、1985年.
摩文仁賢和・仲宗根源和、『攻防拳法空手道入門』（復刻版）、榕樹社、1996年.

坂上隆祥、『空手道型大鑑』、日貿出版社、1978年.
中山正敏、『ベスト空手　組手1』、講談社インターナショナル株式会社、1989年.
全日本学生空手道連盟、『学空連50年のあゆみ』、全日本学生空手道連盟記念誌
全日本空手道連盟、「空手道競技規定」、公財日本空手道連盟、2012年.

【コラム②】　空手道の「糸洲十訓」について

　空手道は、孔子の教えである儒教や、釈迦が開いた仏教から出たものではありません。その昔、中国より「昭林流」と「昭霊流」という2つの流派が沖縄に伝えられたものだ、と聞いております。この2つの流派は、それぞれを特徴づける長所がありますので、そのままの状態を大切に守りながら伝えていかなければなりません。そのためには自分だけの思惑で、型に手を加えない、という心がけが肝心です。それで、空手道修練の心得と其の効用を、項目ごとに行を改めて書き記してみます。

1　空手道は、個人としての体育の目的を果たすだけが、すべてではありません。将来君主と親に一大事が起きた場合には、自分の命をも惜しむことなく、正義と勇気とをもって、進んで国家社会のため、力を尽くさなくてはならぬ、という名分を持っております。ですから、決して一人の敵と戦う意図はさらさらありません。かような次第ですから、万一暴漢や盗人から仕掛けられても、平素の修練に物を言わせて、なるべくこれをうまく捌いて退散させるよう仕向けることです。決して突いたり蹴ったりして人を傷つけることがあってはなりません。このことが、本当の空手道精神であることを、強く肝に銘じてほしいものです。

2　空手は、専ら鍛えに鍛えて筋骨を強くし、相手からの打撃をも跳ね返すほどに体を鉄か石のように凝り固め、また手足も、槍や鉾などの武器に代わるほどの強さにすることが理想です。このように理想的に鍛え上げれば、自然と何事も恐れず、自分の信念もまげずに振舞う、逞しい行動力と強い精神力が備わるものです。それにつきましては、小学校時代から空手の練習をさせれば、いつか軍人になっ

た時、きっと他の剣道とか銃剣道のような術技上達の助けになる効用があります。以上述べたようなことが、将来、軍人社会で（軍隊生活で）の精神生活と術技活動への何かの助けになると考えます。いかにも、英国のウェリントン候が、ベルギーのワーテルローでナポレオン一世に大勝を博した時に言いました、「今日の戦勝は、我が国の各学校の遊戯場で勝ったのだ（各学校のグランド及びその他の施設で、広く体育をやった成果である）」と、全くそのとおりで、実に格言と言うべきことでしょう。

3　空手は、急速に熟達しようとしても、却々むずかしいものです。よく一般に言われている「牛の歩みは、馬と比較してより遅いけれども、歩き続けていれば、ついに千里以上の里程を走破することができる」との格言があります。そのような心掛けで、毎日1、2時間ほど精神を集中して続けますと、3、4年の間には通常の人と骨格が違うばかりか、空手の可成り奥深いところまで到達できる者も数多くでるのではないかと思います。

4　空手は、拳足を鍛えることが主体ですから、常に巻藁などで、十分練習を重ねるよう努めねばなりません。さて、その要領は、両肩を下げ、胸を大きく張り拳に力を込め、さらに踏まえた足にも確り力をとり、吸った息を下腹、臍の下3・5センチほどのところに沈めるような気持ちで練習されたらよい。また、突いたり、蹴ったりする回数はともに片方で1、2百回というところが効果的、と考えます。

5　空手の立ち方は、腰を真っすぐに立て、重心の平衡が崩れないよう両肩を下げ、力が体重全体に平均に及ぶような心持ちで、しかも両足も強く立ち吸った空気を臍下丹田（へその下3～5cmぐらいのところ。中国の古い考えではここに力を入れると健康になり、勇気と力が出るという）に集中、上下の脇腹も丹田に引き合わされるようにして凝り固めることが大事な要点です。

6　空手の表芸である型は、数多く練習したほうがよいので

す。しかし、ただ漠然と練習してもそれほどの効果はありません。練習の効率をよくし、本物の技を身につけるには、型の中にある一つひとつの技の意味を正しく聞き届けるだけでなく、その技はどんな場合に用いるかということを確かめて練習しなくてはなりません。さらに、型の中に出てこない特別な突き方、受け方、腕や襟を取られた時の外し方、関節の決（極）め方などの高度な技があるけれども、それは秘伝になっておりますので、多くは特定の人へその口で伝えるようになっております。

7　空手の表芸である型は、その技の一つひとつについて、この技の目的は基本鍛錬のために有効なものか、応用技として練習するのに適切であるか、あらかじめ目的と方法をきちんと決めて練習しなくてはなりません（体用＝実体と応用）。

8　空手の練習をする時はちょうど戦場に出掛けるような、はりきった意気込みがなくてはなりません。それで目はかっと見開き、肩を下げて体に弾力性をつくように固め、また、受けたり突いたりする技の練習でも、現実に敵の突きを受け、蹴りを払い、体当たりしている実戦さながらの強い意気込みでやらなくてはならないのです。このような練習をすれば、自然とほかではまねのできないすぐれた成果が、形となって表れるものです。以上のことを確りと心掛けとして欲しいものです。

9　空手の練習は、自分の体力不相応に、うんと力を入れて気張り過ぎると上気して顔も火照り目も充血して体の害になるのです。以上の事は、どんな視点からみても、健康のために有害ですので、確り肝に銘じたいものです。

10　空手に熟達した人は、昔から長寿の者が多いのです。その原因をよく調べてみますと、空手の練習が骨格の発達を促し消化器を丈夫にして、血液の循環をよくするので長寿者が多いということです。それで、空手を体育の土台として小学校時代から、学課に編入して広く多くの者に練習さ

せて頂きたいと思います。そうすれば、おいおい熟達する者も出て、きっと一人で一度に十人の相手に勝てるような猛者も沢山出てくることと思います。

　右（上）の 10 か条の意図で、師範学校や中学校で空手の練習を施し、将来師範学校を卒業して各地の小学校へ教鞭をとることになったら、その赴任に先立って、10 か条に述べました空手教官の意図と効用を、細かく指示を与え、各地方の小学校でも不正確な点が少しもないように指導させれば、10 年以内には全国的に普及するはずです。このことは我々沖縄県民だけのためでなく、軍隊教育においてもきっと何がしかの助けになると考え、お目に掛けるために筆記しました。

　　　　　明治 41（1908）年戊申 10 月、糸洲安恒
　　　　　　　　　　（金城裕、『唐手大鑑』より）

参考・引用文献
金城裕、『唐手大鑑』、出版館ブッククラブ、2003 年.

第7章
合気道の教育的価値

1. 合気道の成立と大東流合気柔術との関係

(1) 合気道の源流

　合気道は、和歌山県田辺市生まれの植芝盛平（1883-1969）によって創始された現代武道の一つとして知られています。盛平は156cmと小柄でしたが、若いころから柔術（起倒流）や剣術（神陰流）に関心があり、稽古をしていました。そして、大正4（1915）年、北海道で開拓にあたっているとき、大東流合気柔術の中興の祖、武田惣角（1859-1943）の門人に入り、大東流合気柔術の秘伝奥義之事の目録を授けられ、さらに厳しい精神的修行を経て合気道を生み出しています。そのため、合気道の源流を探るためには、まず盛平が習ったとされる古武道の大東流合気柔術から説明する必要があります。

　大東流合気柔術はいつごろ、誰によって起こり武田惣角に至ったのかについては諸説あり、また以前の文献が見つからないため分かりません。また、惣角が旧会津藩の家老で、当時は福島県霊山神社宮司をされていた西郷頼母（のちに保科近悳と改名）に師事したことも惣角の死後に知られるようになったことで、頼母以前の伝承についても伝わっていません。結論的にいえば、大東流合気柔術は、西郷頼母に習った柔術を根幹にして武田惣角によって大東流柔術という流派名は形成され、さらに大正11（1922）年に合気の概念を取り入れて、大東流合気柔術という名前になりました。

（2） 大東流の起源

　合気道の源流になる大東流は、伝承によると、9世紀末の清和天皇第6皇子の貞純親王に発し、これが源氏に代々伝えられ11世紀頃に八幡太郎義家の弟子の武将・新羅三郎義光（源義光とも）に伝えられたとされますが、一般的に新羅三郎義光を始祖とします。その後、甲斐の武田家を経て会津（福島県）の武田国次によって会津藩に伝承され、明治31（1898）年に新しい時代に適応する武道のために会津家御式内の秘技を公開普及することを決めた会津藩家老・西郷頼母の特命を受けた会津の武田土佐国次の末孫の武田惣角によって「大東流合気柔術」として普及されるようになりました。大東流の系譜は、次のとおりです。

　　　新羅三郎義光（始祖）→ 武田信重 → 武田国次 → 保科正之（会津藩祖）→ 保科正経（二代会津藩）→ 宋平正容（三代会津藩）→ 宋平容貞（四代会津藩）→ 宋平容領（五代会津藩）→ 宋平容住（六代会津藩）→ 宋平容衆（七代会津藩）→ 宋平容敬（八代会津藩）→ 宋平容保（九代会津藩）→ 西郷頼母（保科近悳）→ 武田惣角 → 武田時宗

（3） 大東流の名称

　大東流の名称については、新羅三郎義光が「大東の館」に住んでいたのでついたという説、大東久之助の名前が由来だという説、日本・中国・朝鮮の三国、つまり大東圏第一の意が由来だという説など、合気道各派でも諸説があります。綿谷編『武芸流派大事典』によれば、武田信玄の一家に相木森之助という人物がいて、武田流の達人と呼ばれていましたが、武田家の没落後、相木森之助の家臣であった大東久之助がこれを受け継いで「大東流」と称するようになったとしています。また、大東流は正式には「御式打」と呼ばれていましたが、昭和2（1927）年に合気という用語が加わるようになったと述べています。

　一方、西郷派大東流の当主である曽川和翁は、著書『大東流合気二刀剣』で、「大東流は数百年間に渡って作られた会津藩の御式内および会津藩校の日新館の教科武術と太子流兵法を合体させて作り上げた武術であり、一人の天才（新

羅三郎義光)の工夫によっていきなり生まれたものではない。会津藩の家老たちが中心になって編纂され、その後、幕府末期の公武合体政策に基づいて、幕府および皇族一家を警護する武術として編纂されたものである」といっています。ところが、綿谷や曽川の主張を裏付ける伝書や記録は見つかっていません。曽川は、伝書や記録が残されていない理由について、神道や密教のように門外不出を奥義としたためであるといっています。さらに、新羅三郎義光が大東の館に住んでいたためついたという説について、大東流側が武田惣角を始祖とするため作り上げた憶測にすぎないと否定しています。

(4) 大東流合気柔術における合気の意味

　大東流に合気という言葉を流名として取り入れたのは、武田惣角です。そのため、合気の意味を探るためには、まず合気の原点から見る必要があります。吉丸著『合気道の科学』では、武田惣角以前の文献に見られる合気の語の用法を次のように紹介しています。

　　高野佐三郎著『日本剣道教範』
　　　「合気をはずす事、敵強く来れば弱く応じ、弱く出ずれば強く対し、晴眼にて出れば下段にて拳の下より攻め、下段にて来れば晴眼にて上より太刀を押さえるというように、合気を外して闘うを肝要とす」。

　　『天神真楊流伝書』
　　　「水に浮いた瓢を指先で水中に押すと、瓢は沈まずにくるりと反転し、指先に離れずに纏いつく。この状態を相気という」。

　　立川文庫『宮本武蔵』明治44年発行
　　　「……正当の矢ならば何千体射られるとも受け損じる拙者ではござらぬ。しかるに卑怯にも合気の法をもって某の自由をとどめ、その上にて矢を向けられるは死物を射るも同然の仕儀……」(この合気の法は合気遠当ての術ともいう)。

　西郷頼母(保科近悳とも)が武田惣角に大東流合気柔術を伝えたとされますが、残念ながら会津藩に武田以前の記録や実態を知る者はいません。大東流合

気柔術は惣角によって世に知らされており、彼は実質上の創始者になります。頼母に奥義を伝授された惣角は、大東流として武者修行に出ました。明治43（1910）年に惣角は、高弟であった秋田県の警察部長・財部實秀の要請もあり、全国の警察署を巡回しながら教育することになりました。大東流は、この巡回をきっかけに全国に知られるようになり、惣角は武術家として有名になりました。

　また、海軍大将・竹下勇は講道館柔道を習いましたが、植芝盛平に出会い、大東流に心酔することになりました。当時、大東流を直接見た新聞記者・尾坂與市のエピソードがあります。昭和4（1929）年、ある武道雑誌に「歯が抜け、耳もよく聞こえない、小柄の老人（70歳）が剣道、柔道、空手の現役猛者たちを、まるで手の中の玉を扱うようにしている」と書かれた竹下勇の記事を目にした朝日新聞の記者は、真実を確かめことにしました。そして、翌年7月29日、記者は巡回教授中の惣角に会いました。記者は道場に入るや否や、まず自分の目を疑いました。順番にかかってくる丈夫そうな若い弟子たちを、小柄の老人が軽々と倒していたからです。次に5、6名が同時にかかってきても結果は同じでした。柔道にも一見識をもっていた尾坂記者は、本当かどうか試したくなり、稽古をお願いすることになります。ところが、彼は老人だと思った惣角の体に一切触れることができず、簡単に倒れてしまいました。その後、惣角は40cmくらいの腰刀の示範を見せましたが、腰刀を片手で振り回したにも関わらず、音が出るほど威力的でした。これは腕の力だけでは不可能な気の威力で、弟子たちも惣角が使う気、あるいは呼吸の使い方についてよく理解していないようでした。これを自分の目で見て確かめた尾坂記者は、同年8月17日付新聞に「大東流は今世紀の最高の護身術だ」と激賞しました。

　ところが、惣角がいつごろ合気という言葉を大東流につけたのかについては明らかになっていません。合気について、大東流側は、始祖の新羅三郎義光が自然の理気と人間の気が合わさったとき、兵法の極意に至ることを知り、それを合気と名づけたとしています。ところが、これについても文献が見つからないため分かりません。

　剣道の用語の中にも合気という語があり、自分が攻めれば相手も攻め、自分

が退けば相手も退く、つまり攻防の意図が合致することを合気としています。しかし、大東流側がいう合気と剣道の合気とは相違が見られます。合気について、惣角の高弟である佐川幸義は次のように説明しています。

> 「合気とは、相手の力を合理的な人体の構造によって相手の意と気を無力化させ、自分の力を自由自在に発揮すること。(中略)気とか催眠術というものを使っているのではなく、とても簡単な力学を用いている。自分の手足や体が相手に当たったとき、内部筋肉の作用で相手の力を抜くこと。(中略)合気とは、相手の力を抜かせ、抵抗を無駄にさせる技術だ。合気の呼吸とは、自得するもので、言葉で伝授することはできない。(中略)合気は、基本的に両手を活用・鍛錬させるが、奥義に至れば全身が合気自体になり、体全体の動きが合気の投げる姿勢になる」。

また、惣角の子、武田時宗は、合気について、「押すとき引き、引っ張れたら押すことだ。あるいは、遅さと速さ、相手の気と自分の動きの調和する心だ」といっています。一方、その反対である気合について、「合気が決して抵抗しないことに対して、極限まで押すこと、または相手が先攻してくるときの護身術であり、これを大衆に言及するとき、合気という言葉を用いる」といっています。

また、惣角は朝日新聞の記者(尾坂與市)の質問について次のように答えています。

> 「大東流の威力は、一言でいえば、合気術です。この合気術の基礎は剣から修練しなければなりません。その理由は、剣が武術の中で一番速いからです。剣を自由に操ることができれば、槍やなぎなた、棒なども自由自在に使えます。このような武器で努力すれば、究極には素手で武器をもった相手を倒すこともできます。これこそ合気術です」。

惣角は比較的に遅い年(38歳)に大東流に入門しましたが、大東流の関節技法はほとんど手首の力に左右されることを知り、剣を通して鍛錬された自分の手首が大東流の技術を修得するのにこの上なく効率的であることに気づきました。そして、剣を通して得た多くの実践的な経験から相手との距離感覚と来

るタイミング、すなわち人間の呼吸力に発する気が柔術にも必要であることに気づきました。そのため、惣角は大東流が自分の剣術と柔術の合によってできた技術の究極、すなわち気という意味で合気という名称にしました。つまり、惣角は、大東流＝柔術、すなわち素手武芸という固定観念から離れ、その修練過程に各種の武器術を採択することによって強力な手首の力と武器をもった相手にはばまない実践的な感覚を身につけることを強調するため、合気を取り入れました。このような理由から大東流では剣術を主な修練過程にしています。昭和7（1932）年、植芝盛平が有信館の若い剣士・中倉清を養子にしたのも剣術の重要性に気づいたからです。

　大東流合気柔術は、176を超える日本の柔術流派の中でも関節技と投身技法がより体系的に発達した流派です。特に気の運用や呼吸養成法のような内攻的修練が脆弱な日本武道に合気という独特な修練法を体系化かつ技術化し、内攻的修練を取り入れたのは大東流合気柔術および合気道の大きな特徴です。

2. 植芝盛平の自立と合気道の成立過程

　植芝盛平が合気道を作り上げた直接のきっかけは、大正4（1915）年32歳のとき、古武道の大東流合気柔術の中興の祖、武田惣角との出会いです。

（1）植芝盛平の足跡

　明治16（1883）年12月14日、合気道の創始者・植芝盛平は平凡な農家の長男として和歌山県田辺市に生まれました。盛平は幼児期、病弱でしたが、記憶力がよく、鋭敏な感性の持ち主だったようです。明治28（1895）年、13歳のとき、県立中学校に入学しましたが、中退し、そろばんを習いしばらく税務署につとめました。ところが、政府の漁業法改定に反発し税務署を辞職します。その後、明治34（1901）年、19歳のとき単身上京し、その翌年、植芝商会という文房具店を開きました。その間、近所にある道場で起倒流（柔術）、神陰流（剣術）などを2か月あまり習いました。しかし、体調をくずして、店を整理し帰郷することになります。回復後の明治36（1903）年、盛平は入隊

しようと志しましたが、身長制限があり拒否されます。それにもかかわらず、再身検を受け入隊しました。盛平は自ら志願し日露戦争に参加するなど、積極的な軍隊生活が評判となり、除隊ごろには陸軍予備校への入学を進められました。休日には有名な武術家の道場や神社を訪ね、剣、杖、槍などから甲冑組打ち術に至るまで、幅広く武技の蘊奥を究めました。このころ、中井正勝に柳生流（柔術）を習い、免許を受けました。4年後、除隊して実家に戻りましたが、政府の「神社合祀」に反対し、博物学者・南方熊楠とともに神社合祀反対運動を展開しました。このように内に燃える情熱を秘めているにもかかわらず、発散できない盛平を心配した父・植芝与六は、自宅に武術の道場を造り、当時巡回中の講道館柔道の使い手・高木喜代市を家に招聘し、盛平とともに地元青年に柔道を教えるようにしました。

　その後、明治45（1912）年、「北海道開拓移住民団体結成計画」が公布されると、盛平は中心となって村人80名を引きつれ北海道白滝原野増画地に入植しました。開拓の日々に明け暮れた盛平は、大正2（1915）年、出張で行った遠軽の田舎旅館久田で偶然にも惣角に出会い、1か月間、大東流合気柔術を習いました。千変万化した大東流の技法に感服した盛平は、その後も惣角を村に招聘し、村の青年とともに指導を受け、大正3（1916）年には秘伝目録を授けられました。

　その後、大正8（1919）年11月、父の危篤を知り、白滝を後にしました。帰郷する列車の中で、多くの病人を祈祷で治療する奇跡の人の話を耳にした盛平は、京都府下の綾部の大本教（神道）の本部に立ち寄り、出口王仁三郎に会いました。そして、翌年、周りの反対にもかかわらず、王仁三郎がいる綾部へ移住しました。王仁三郎との出会いは、その後の盛平の宗教観をはじめ、哲学、思想、合気道に至るまで、盛平の生き方に大きな影響を与えることになります。王仁三郎は、「あんたはな、好きなように柔術でも剣術でも鍛錬することが一番の幽斎になるはずじゃ」と、盛平に大東流の指導を勧めました。これによって最初の合気道の道場である「植芝塾道場」が誕生しました。盛平は王仁三郎に習い、神道の面からヒントを得て技法を創始し、合気道に取り入れました。

しかし、大正10（1921）年2月、大本教は天皇に対する不敬罪で政府の弾圧（第一次大本教事件）を受け、王仁三郎をはじめ、多くの大本教関係者が投獄されることになります。運よく植芝塾道場には、被害はありませんでした。同年、6月27日には後で2代目になる三男植芝吉祥丸が生まれました。翌年、保釈された王仁三郎は、大々的な組織整備を行い、盛平を重役に任命します。大本教の幹部職に任命された盛平は、大本教のイメージ構築に努力するとともに、大本教を中心に合気道を広めていきます。この時期より盛平は「合気武術」という名称を使い始めました。その後、大正13（1924）年2月、王仁三郎は世界統一宗教の国を実現しようという壮大な雄図のもとに、盛平をはじめ、弟子たちを満蒙に連れていきます。そこで、「内外蒙古独立軍」を結成しましたが、同年の6月、張作霖の怒りを買い、逆に追討されました。日本領事館に助けられた盛平は帰国しました。盛平は、短い間でしたが、中国にいる間、中国名で自らを王守高と名乗りました。盛平は、王守高という名前が好きで、帰国後にもしばらく王守高という名前を使っていたという記録があります。帰国し、再び綾部の地にもどった盛平は、道場を再整備し運動を再開しました。この時期から、大本教の関係者のみならず、海軍関係者、地元の人々など、多くの人々が道場を訪れるようになりました。特に海軍大将・竹下下男との出会いは、合気道が跳躍する弾みとなりました。
　昭和2（1927）年2月、竹下下男の招聘もあり、一家で上京することになります。これをきっかけに、合気道の活動の拠点は東京に移ります。最初は、芝白金の島津公爵の下屋敷の一部建物を道場に改造し、紹介された軍人幹部、華族、実業家などに合気道を教えました。その後、内海勝二男爵の提供で芝三田道場、さらに竹下下男の紹介で芝車町道場を開き、それに従って引越ししました。このときから、盛平は、合気道が悪用されることを恐れて、道場の入門は、信用ある人の紹介および保証人2名を入門条件に加えるなど、既存の柔道、剣道道場とは違う高級化戦略をとりました。
　その後、昭和6（1931）年4月、新宿若松町に皇武館道場を建設し、「合気道武道」と称しました。翌年には大阪にも支部ができ、東京と大阪を行き来しながら合気道を指導しました。大阪では大阪警察本部長・富田健治、警察署

長・森田儀一、朝日新聞の久琢磨など、上層部の人々を指導し、更なる発展の土台を作ります。そして、同年8月には大本教の要請もあり、「大日本武道宣揚会」を組織し会長になるとともに「武道」という機関紙を刊行しました。ところが、昭和10 (1935) 年12月、第二次大本教事件が発生し、大本教は壊滅的な打撃を受けましたが、盛平は合気道を習っていた警察関係者の助けで無罪放免になりました。この事件以来、周りの勧誘もあり、大本教と距離を置くことになります。

このように道場が拡大していく中、盛平は武田惣角の大東流合気柔術の陰から脱皮する必要性を感じるようになりました。そこで、盛平は、昭和14 (1939) 年、軍・官・政・財界の上層部にいる弟子たちの協力を得て、合気道の法人化を推進しました。また、有信館の若い剣士・中倉清を養子にし、各種の剣道大会に皇武会の名前で参加させ、皇武会を宣伝とともに大東流合気柔術と剣道を並行し、合気道のオリジナリティを作っていきます。さらに三男・吉祥丸にも鹿島新當流（剣術）を習わせました。

昭和15 (1940) 年4月、皇武会が財団法人として当時の厚生省から認可され、寄付行為が認められるようになります。初代会長は軍大将・竹下下男、副会長は陸軍中将・林桂が任命されました。また、近衛文磨公爵、前田利為侯爵、富田健治、藤田欽哉、岡田幸三郎など、多数の著名人が役員になりました。そして、資本金は富田健治や岡田幸三郎の協力を得て、三井、三菱、住友など、当時の財閥の定期的後援金を受け、さらに実業家の宮坂照蔵から寄付金を受けました。

その後、昭和16 (1941) 年に太平洋戦争が勃発すると、武道統合の気運が高まり、翌年にすべての代表的な武道が大日本武徳会に統合されました。このとき、「植芝合気」「植芝流武術」「合気柔術」「合気武道」などの名称で呼ばれていたものが、盛平の意志により「合気道」に統一されました。また、一時的ではありましたが、大日本武徳会の称号審査規程に従って、錬士、教士、範士の称号を採択した時期もありました。この時期から財団法人皇武会本部道場は当時早稲田大学予科（学院）に通っていた三男・吉祥丸に委託し、盛平は茨城県に買い求めてあった「岩の里」で、田畑を耕しながら武道練磨に励みまし

た。ここで、合気道は、大東流合気柔術の陰から離れ、独創的な新武道として誕生することになります。以降、合気道は吉祥丸によって現代化した大規模の組織として発展していくとともに合気道の理論および哲学を作り上げていきました。

　嘉納治五郎が現代体育の立場から柔道のスポーツ化に貢献したとすれば、武田惣角は平安時代後期から受け継がれてきた古武道（大東流）を継承しました。また、植芝盛平は、武田惣角に大東流合気柔術を受け継ぎ、新しく自己化し、日本武道の独自性を示したということができます。武田惣角の大東流合気柔術は、柔道や合気道に比べ、大きく組織化されませんでしたが、武田惣角直系の大東流伝統古武術として諸派とともに発展しました。

（2）合気道が主張する合気の意味

　大正3（1916）年、武田惣角より大東流合気柔術の巻物を与えられた植芝盛平は、しばらくの間は「合気柔術」という用語を使っていましたが、昭和期に入ってから「合気武道」という名称を使いました。その後、昭和17（1942）年、武道が大日本武徳会に統合されるとき、柔道、剣道、弓道にちなんで同じような名前に統一しようと、合気武道から合気道へと名称を変えました。

　盛平は、合気について、合気は「天地の気に合する道」としています。そして、「55の10、28の10、つまり相手が5、2の力で向かってきたら、こちらは5の力、8の力を足して10にする。これが和合の道である」といっています。しかし、稽古をするとき、わざと相手の気に合わせるとしたら、実戦のときは対応できないと、戒めています。そこで現在では、合気道は「天地の法則（気）を明らかにし、一拳手、一投足も天地の法則に適う様に鍛錬し、相手に勝つのではなく自己も完成する道である」といっています。

（3）戦後の発展過程

　合気道は他の武道と同様、終戦後の数年間は苦難の時期を迎えました。連合国軍最高司令官総司令部（GHQ）の政策により武道は軍国主義の産物と見なされ、学校授業から廃止を余儀なくされました。また、部活や道場での稽古も

制限、あるいは禁止されました。しかし、サンフランシスコ講和条約を機に、柔道、剣道をはじめ、日本を代表する武道団体がスポーツとして再出発する中、2代の道主・吉祥丸は競技化とスポーツ化に反対しました。むしろ、合気道が持つ人類愛的な精神を強調し、GHQ を説得しようと努力しました。

　このような努力の結果、昭和24（1949）年2月、合気道は柔道より早く、財団法人合気道として文部省の認可を得ました。他の武道に比べ、財団法人として早く認可を得ることができた背景には、富田健治、藤田欽哉、西勝造など、上層部の人脈の働きかけや、文部省の中山甲子事務官の配慮などもありましたが、一番大きな原動力は道主・吉祥丸の緻密な計画と推進力でした。合気会の発足後、吉祥丸は新しい人材の登用をはじめ、各種の企画や改革を推進しました。その一環として、月刊「合気会報」を創刊し、合気道が持つ独自性を宣伝し、普及を図りました。

　そして、文部省の勧告もあり、昭和30（1954）年まで盛平がいる「岩間」を合気道本部にし、初代会長として富田健治が推薦されました。このような努力の結果、昭和30年（1954）から本部道場で修練した修練経験者たちが農村や勤務先などで道場を開設し、支部が結成されるようになります。また、本部道場は各大学に合気道クラブの結成を支援し、指導員を派遣しはじめました。さらに、大学やクラブなどで合気道を習った者が社会人になり、実業団合気道クラブを結成しました。このときから合気道を紹介する説明会や練武大会が数多く開催されるようになり、一般により広く知られるようになるとともに知名度も上がりました。

　特に、昭和31（1955）年9月には一般公開に反対していた盛平を説得し、一般人を対象にする大規模な公開演武大会が日本橋で五日間開催されました。このとき、今後の合気道の海外普及を考え、各国の大使や公使を招待しました。また、昭和35（1959）年4月には「合気道新聞」を創刊し、盛平の道話、道文、道歌などを掲載し、合気道の哲学と精神を広げるとともに盛平の行跡の神聖化を推進しました。翌（1960）年には、財団法人合気会主催の第1回合気道演武大会が開催され、「神秘の武術」として一部の人間にのみ紹介されていた合気道が一般に広く知られるようになりました。この演武大会は、毎年開

催されており、参加者の増加により昭和52（1977）年からは日本武道館で開催されています。

　また、昭和37（1961）年6月には合気道の外郭団体として、関東学生合気道連盟が結成され、その後、各地域の学生合気道連盟が相次いで発足しました。また、同年12月には防衛庁合気道連合会も発足し、自衛隊への全国普及も並行していきました。

　このような努力の結果、昭和43（1968）年には、鉄筋コンクリート作りの合気道本部道場を新築し、合気道学校も併設しました。この学校は東京都から各種学校として認可され、今日まで開講しています。合気道学校では、初級・中級・上級課程の3つの課程が設けられており、毎年前期（4月）と後期（10月）の二期開講されています。これにより公的にも合気道の教育的価値が認められるようになりました。このように吉祥丸により着実に組織化されていた昭和44（1969）年4月26日、合気道の開祖・盛平が86歳を以て没しました。

　そして、同年6月に吉祥丸道場長が合気道2代目道主を継ぎました。2代目道主になった吉祥丸は、合気道の国際化を積極的に展開していきます。その一環として、昭和50（1975）年11月、スペインのマドリードで国際合気道連盟準備会が発足しました。この準備会では、求道を第一義とする日本的哲理の特殊性こそ合気道の本質であり、合気道の道統は植芝盛平によるものと確認されました。また、道主が永世会長であることも定められ、植芝家は宗家の絶対的権威を認められました。

　こうして翌（1976）年には、国際合気道連盟（IAF）が設立され、東京で開催された第1回総会には米国など29カ国、約400名が参加しました。この国際連盟の発足以降は、世界各地への指導者派遣が活性化していきました。その結果、昭和59（1984）年、IAFは国際競技団体連盟（GAISF）に正会員として加盟しました。そして、平成9（1997）年には、国内の合気道の公認支部は約700ヵ所を数え、会社や官公庁などのクラブも400ヵ所、全国学生合気道連盟には114校が加盟しました。

（4）合気道の現在

　現在（2014）、約130ヵ国に組織・団体があり、合気道人口は、国内では約120万人、海外では約150万人いるといわれています。合気道は名実相伴う国際的な武道団体になりました。また、国内の支部数率や海外の普及率も増加しています。日本では、子どもや女性の入門者が目立って増加しています。子どもに関しては、しつけ、礼儀作法、精神力強化という親の要望が強く、女性には全身的美しさ、護身という目的が多いといわれています。また、平成24（2012）年4月から中学校の武道必修化に伴い、いくつかの地域で保健体育の授業に導入されています。

　このように、合気道は、昭和17（1942）年はじめて「合気道」と命名された現代武道の一つですが、短期間で成長を成し遂げました。その背景には2代目の道主・吉祥丸の緻密な計画と推進力がありました。盛平の三男として生まれ、一生を家業のためにつくした吉祥丸は、平成11（1999）年1月4日、盛平に恥ずかしくない偉業を果たして生涯を終えました。吉祥丸の死後は、吉祥丸の次男・植芝守央が3代目の道主として家業を受け継いでいます。

3. 合気道の技術原理と技術体系

　合気道の源流は、近世以降の柔術にあります。そもそも柔術には戦場において組討技として投技だけではなく、突く・蹴るなどの当身技や関節技、更には小刀などの武器を使用する技もありました。一方、植芝盛平は、植芝盛平が柔術の技を形として残し、相手との間合いから当身技で崩し、相手の手首を取って投げる総合武術を作り上げました。つまり、柔道で修行され難い、当身技や関節技を取り入れました。

　合気道では、片足を半歩踏み出した構えがあります。左足を半歩ほど前に踏み出せば「左構え」となり、右足を前に出せば「右構え」となります。これは、相手が正面から突いてきた棒を外しやすいし、前後左右にすばやく動きやすいため、二の手、三の手の攻撃にもすばやく対応できるような自然体であり、合気道の大きな特徴といえます。

また、相手が攻撃してくる線を外して、相手の死角に入り即座に相手を倒す「入り身」と入り身で入ったあとに相手の攻撃力と方向性を利用する「さばき」という技術があります。「さばき」は、円運動で、「手さばき」「足さばき」「体さばき」などがありますが、いずれも臍の下4〜5cmの臍下丹田に気を集中させ、心・気・体を一致させて軽妙自在な技を発揮することが大切です。決して腕力を使うのではないので、女性やこどもでも十分に行えるものです。
　修練者は、形の稽古において相手を如何なる方向に崩すか、また自分はどう体をさばくかを常に考えながら繰り返し行うことが必要です。そして、自分にあった技を自由自在に扱えるようにすることが、技の修行の目的です。合気道の主な力の方向は、水平方向ではなく、下から上の方向に主な運動線があり、相手の力を無理なく和合する気の誘導法にあるといえます。つまり、合気道の技術の根本原理は、相手と競争しないことを原理としており、相手と直接ぶつからず、相手の力を受けて、そのまま流・円・和の原理に立脚した動きです。
　また、合気道の技術を分類すると、攻防の技術に分けられます。さらに、細分すると、「関節技」「当身技」「武器」に分けられます。さらに関節技には、「投技・抑技」「絞技」「挫技」などがあり、当身技には、「突く」「打つ」「蹴る」技があります。また、武器には、「短刀」「刀」「槍」「棒」などがあります。これらの技術は、形態的にみれば殺傷の技術にみえますが、修練方法をみればそうではありません。たとえば、関節技は、その性質から修練者の関節部位に傷害を与える技術にみえます。しかし、実際の練習方法をみれば、傷害を与えず、むしろ関節の柔軟性を発達させます。また、関節技は見た目上、一つの遊戯にみえますが、実際には諸武術より強い傷害を与えることができます。
　また、当身技においても「打く」「突く」「蹴る」部位を鍛錬させることより合気的力の集合と送力いう原理が重要視されます。当身技は見た目上、柔軟にみえ、威力がないと思われがちですが、力の集合が適用されるため、力学的にみても威力にすぐれています。また、「打く」「突く」「蹴る」部位が人体の急所を利用するため昏倒と殺傷が容易にできます。つまり、命を左右する技であるため、昏倒と殺傷を厳格に区別するとともに、「打く」「突く」「蹴る」部位を厳選する必要があります。合気道において関節技と当身技は、人体の生理的

弱点と力学的弱点を兼ねた技術です。

（1） 合気道の技術原理

　合気道の基本的な技術原理は、「円の原理」「流の原理」「和の原理」に分けられます。まず「円の原理」とは、相手の力を直角に受けず、受ける力を円く誘導することを極意とする原理です。次に「流の原理」は、攻撃するところに自分の力を集中し、送力することを極意とする原理です。次に「和の原理」とは、相手の心身に合して相手の敗北を誘導し、自分を勝利へと導くことを極意とする原理です。このように、合気道の転換原理は直線的技術とともに柔らかい曲線的技術を追求し、動きの変化や転換だけで相手を制御するものです。逆流原理は、相手の力を正面から受けず流すことで、柔らかさで相手の力を最小限にし、逆に自分の力を最大限にする原理です。

　また、深和原理は、相手と自分の互いに違う円運動を自分の円運動の中に引き入れて相手を制御するものです。つまり、相手の動きの流れを把握し、自分の動きの流れを相手に合わせ、自分の技法へと相手を合わせることです。このように、3大原理、すなわち「相手と和する」「円のように円く」「流れる水」のような原理を大事にするため、転換の原理（転換法）、逆流の原理（逆流法）、深和の原理（深和法）ともいいます。その特徴をまとめると以下のとおりです。

① 転換法：円の原理

　直線的技術とともに柔らかい曲線的技術を追求すること、すなわち円の原理を基盤とした「円のように円くする」原理です。

② 逆流法：逆流の原理

　相手の集中した力を流れる水のように柔らかく制御すること、すなわち柔らかいと思われる弱い力が強い力を圧倒するという内在的意味を持つ原理です。

③ 深和法：深和の原理

　「相手と和する」という意味で相手の集中した力に逆らわず和して逆利用する意味を持つ原理です。

植芝吉祥丸は、「合気道は合気柔術（1920）、合気武術（1922）、合気武道（1931）、合気道（1942）として発展してきた植芝盛平の独創的な武術である」と主張しています。しかし、武田惣角の子で２代宗家を受け継いだ武田時宗は、「合気道のほとんどの技術は用語を変更しただけで大東流合気柔術と変わらない」と指摘しています。また、時宗死後、宗家代理であった近藤勝之は、技術の同質性はもちろん、礼や愛と調和を強調する側面も変わらないと指摘しています。

4. 合気道の教育的価値

合気道は、入身と転換の体捌きと呼吸力を利用して自分を守る護身武道としての価値をもっていますが、それとともに心身の錬成を通して全人教育、すなわち身体的・精神的・社会的に正しい人間を育成する体育およびスポーツ教育としても豊富な内容を持っています。

（１）身体的価値

合気道は、一教（相手の腕を取り、肘関節を可動限界まで伸展させ、相手を腹這いにさせ抑える技）、呼吸法、固め技術、小手返し、四方投げ、入身投げ、腰投げ、隅落し、回転なげ、体の転換などの基本的な技術が総合的な側面を持っているため、筋肉活動を通して身体の均衡的発達、身体の技能向上および体力の各構成要素を向上させます。また、合気道は修練過程が難しく、厳しいところがあり、これを克服することによって、身体的克服の快楽を味わうことができます。

また、合気道は、全身を動かす身体活動を通して平衡性、筋力、持久力、敏捷性、瞬発力、安定性、求心力などの身体的技能を培養し、身体の組織力とこれに伴うバランスの取れた身体発達を促進します。さらに神経系筋肉および循環系の技能を促進し、成長と発達を促進します。また、四方投げ、入身投げ、回転なげなどの技術修練を通して敏捷性、瞬発力、平衡性、持久力などが鍛えられます。また、固め技術の練習を通して、柔軟性と持久力、そして精神的な

次元での克己力や闘志力などが鍛えられます。また、不意の攻撃に対する正当な防御などの対処能力の育成によって安全面の護身能力も向上させます。

このように、合気道は相手と体をぶつけ合いながら器量を練磨する対人的武道であるため、練習量が多いほど、高度の体力と意志力が鍛えられます。また、技術をかけるとき、機会を察し、素早く技術をかける機敏な動作や、相手にかけられてしまう危険を恐れず積極的にかかっていく姿勢など、正しい人間としての徳性を涵養し人間形成する教育的効果をもっています。

（2） 社会的価値

合気道の修練の目的は、攻防を通して心身を鍛錬することによって体と心を合理的に使えることができる姿勢を体得するところにあります。合気道の修練は、技術の練磨や体力の鍛錬に止まらず、修練者の人格形成や徳性涵養にも力を入れているため、修練には厳格な規範や制約があります。人間は社会的存在であり、社会秩序や規範の中で生きています。合気道の修練も道場では正しい身なり、先輩・後輩に対する礼儀を守る修練文化を通して社会に適応するための手段や礼儀、寛容、克己などの態度を身につけます。また、修練過程をはじめ、心身の修養、忍耐力、人間の根本的な欲求から自分を制御する強い精神力などを養うため、合気道の修練は社会性の学習にも役に立ちます。そのため、相手を投げる喜びを味わう以前、自分が投げられることから習います。このような合気道の修練を通して、強靭な体力とともに不屈の闘志と勇気、そして進取性と独自性を身につけます。

また、攻防の練習は相手と自分の関係を認識する良い機会になります。また、固め技術、小手返し、四方投げなどの技をかけられ、倒れる辛さを我慢し耐えていく自発的な学習が求められるため、勇気、積極性、自己コントロール、他人の人格尊重、協力などの社会性が育成されます。また、修練中、相手との接触を通して親密性、平和と社会性を鼓吹させる社会性涵養という教育的価値をもっています。

特に合気道は、修練を通して精神力の陶冶を重視する武道であるため、究極的には民主市民としての資質を養い、人格形成、あるいは自分の教育に重点を

おく社会教育的効果をもっています。実際、合気道を修練する現場は、指導者と修練者、先輩と後輩との共同体意識の中で汗を流しており、指導者の示範を真似て修練する行為は、体で習うと同時に体と心を練磨する実践的行為であるといえます。常に冷静に判断し、自己本位にならないように相手に対する配慮や、互いに協力し自己を主張しながらも相手の立場から理解する姿勢を体得する道場でのすべての行為は、模範的な社会生活の行為を実践する場としての性格をもっています。

(3) 精神的価値

　合気道の修練は健全な身体活動を通して弱気よりは強気、怠惰よりは真面目さを追求し、不安・焦り・緊張などを自分の意志で調節克服し、精神力を強化させます。植芝盛平は、合気道の理念を相生と大同和合および調和の精神を理想的な修練目標とし、合気道を通した絶え間ない修練と克服過程で体得される自我の完成を追及しました。

　また、盛平は非試合主義という原則を立て、武道の理想的な本質に戻るという意味で「武産合気道」という名称を用いました。武産とは、相生の道と和合の道、つまり、互いにぶつからない状態を意味します。このようなことより、盛平は「自己完成を追及する求道」を修練の目的としました。盛平は、求道について、神人一如を通して宇宙の秩序と調和する静的な一体感と、宇宙の変化に対応する動的な一体感を自分に体現することであるといっています。

　盛平の合気道を現代化し、科学的かつ哲学的に整えたのは、2代道主・植芝吉祥丸です。吉祥丸は、合気道の精神について、「和合の道であり、万有帰一という精神的修養を根底とする身体的表現の至妙の総体である」といっています。つまり、宇宙の森羅万象を創造した造物主の理想世界、争いのない静の境地に至ることを追求し、精神性の修練を最高の理想と捉えました。そして、愛と和合によって帰一する理想的な天国浄土の世界を成し遂げることが合気道の使命であり、命であるといっています。このような合気道の精神が根底にあるため、合気道では相手と直接にぶつかることを否定し、相手の力をそのまま受け入れ、逆流・円・深和の原理に立脚した動きを具現しようとしています。

このような合気道の精神が根本原理になっているため、修練過程は、まず技術の示範をみて、それを真似るところからスタートします。そして、動作の正確性を修得する過程で忍耐力、克己力、集中力などが身につき、また、合気道の理念である万有愛好を理解することになり、やがて真の勝利は、相手を敗北させることではなく、敵の心に愛という変化をもたらすことであることに気づくとしています。このように、合気道は、人類愛と平和を体得する修身教育としての価値をもっています。また、武道が勝利至上主義に転落しやすい現実と西洋中心のスポーツ教育の限界を克服する手段としても合気道は教育的価値のある日本生まれの東洋的身体運動であるといえます。

　クーベルタンが提唱した「スポーツを通して心身を向上させ、さらには文化・国籍などさまざまな差異を超え、友情、連帯感、フェアプレーの精神をもって理解し合うことで、平和でよりよい世界の実現に貢献する」というスポーツのあるべき姿は、合気道が追及・実践しようとする目標でもあります。合気道の指導は、修練を通して、人類愛と平和愛好の理念を身につけることを目標としているからです。このような合気道の精神は、人格教育という教育的効果を生み出すことにつながると思います。

主な参考文献

二木謙一・入江康平・加藤寛、『日本史小百科　武道』、東京堂出版、1994年、pp.194-195.

笹間良彦、『図説日本武道辞典』、柏書房、1982年、pp.1-2.

曽川和翁、『大東流合気二刀剣』、愛隆堂、1997年、pp.117-154.

田中守、藤堂良明・東憲一・村田直樹、『武道を知る』、不昧堂出版、2007年、pp.89-93.

畠木謙治、『武道論』、大修館書店、1998年、pp.204-208.

鶴山晃瑞、『図解コーチ合気道』、成美堂出版、1985年、pp.10-50.

植芝吉祥丸・植芝守央、『規範合氣道　基本編』、財団法人合気会・出版芸術社、1997年、pp.170-175.

植芝吉祥丸、図解コーチ合気道、成美堂出版、1998年、pp.10-35.

植芝吉祥丸、『合氣道開祖　植芝盛平伝』、講談社、1977年、pp.93-98.

植芝吉祥丸、『合氣道開祖　植芝盛平伝』、出版芸術社、1999年、pp.93-99.

綿谷雪・山田忠史、『武芸流派大事典』、新人物往来社、1969年.

吉丸慶雪、『合気道の科学』、ベースボール・マガジン社、1998年、pp.8-16、pp.90-113.

第8章
少林寺拳法の教育的価値

1. はじめに

　創始者・宗道臣は、「人づくりの行」として少林寺拳法を創始しました。その創始の動機から、「心技体を一体として鍛え、人格を磨き、道徳心を高め、礼節を尊重する態度を養う」とする理念を重視した武道です。

　少林寺拳法には、「本当の強さ」を、相手を倒すことではなく、しっかりとした自分、頼れる自分、生きる力（「**自己確立**」）に求め、「**半ばは自己の幸せを半ばは他人の幸せを**」（資料の宗道臣語録（以下「語録」という）の1参照。以下同じ）という「**自他共楽**」を目指す教えがあります。そこには、武道の持つ普遍の教育的価値が存在します。

　この教えは、宗道臣の遺志として、現在も少林寺拳法第二世師家・宗由貴（以下「宗由貴」という）に受け継がれています。

　宗由貴は、「少林寺拳法は敵を倒し、敵に勝つことを目的とするものではありません。『私は強くなりたい。だから、あなたも強くなってほしい』と、互いに技をかけあってともに上達を楽しむ、拝み合い、立て合いの修行を通して、他人の犠牲で自分の幸福を得ようとする心を棄て去り、人間同士の相互の信頼と愛情とで、すばらしい人間関係を確立しようとする、自他共楽の道でもあるのです」と述べています（昭和58年3月）。この考えの下、これまで70年有余の間、宗道臣の教えはずっと受け継がれて今日に至っています。

　ここでは、少林寺拳法の創始の動機、教え及び修練方法などについて、宗

道臣の語録や人となり等から紐解き、その教育的価値に焦点をあてて紹介します。

2. 少林寺拳法の創始の動機と目的

（1） 少林寺拳法の創始の動機

少林寺拳法は、戦後日本において、1947（昭和22）年に宗道臣により創始されました。

その動機は、1928年（昭和3年）、17歳にして大きな志を抱いて中国に渡り、特殊な仕事の関係で各派の達人より秘技を修得した宗道臣が、1945年（昭和20年）8月、敗戦を迎え、その混乱の中でさまざまな人間の赤裸々な行動を目にし、その貴重な経験をもとに「人づくりによる祖国復興」を決意したことにあります。宗道臣は、敗戦後の日本に帰国し、1947年10月、香川県多度津町で、中国各地で学んだ各種の拳技に自らの創意工夫を加え整理・再編し、少林寺拳法と名づけ指導を開始しました。

帰国した宗道臣が見たのは、敗戦下の混乱した日本の姿でした。道義も人情もすたれ日本人同士がいがみ合い、不正と暴力が横行する社会で、青年も大人たちも国民の大多数が将来の希望もなく右往左往していました。そこで宗道臣は、少林寺拳法を人を魅きつける手段として、自宅を道場とし、拳技を教えると同時に自分の人生観や世界観を説きました。

こうして始まった少林寺拳法は、宗由貴に受け継がれ、創始以来、2017年には70周年を迎えますが、「拳禅一如」の修練を通して、現在では、世界40か国、延180万人に普及しています。

写真8-1　少林寺拳法総本部（香川県多度津町）

（2）少林寺拳法の目的

少林寺拳法は人づくりのための「行」です。

敗戦を目前にした1945年8月9日、ソ連が国境を越えて満州に侵攻し、1年間をソ連軍政下で過ごした宗道臣は、敗戦国民の惨めさと悲哀を十二分に体験しました。イデオロギー、宗教や道徳よりも国家や民族の利害が優先し、力だけが正義であるかのような厳しい国際政治の現実を体験した宗道臣は、法律や政治のあり方も、イデオロギーや宗教の違いや国の方針だけで決まるのではなく、その立場に立つ人の人格や考え方によって大きな差がでることを体験し、「**人、人、人、すべては人の質にある**」（語録2）ことを発見し、真の平和の達成には、慈悲心と勇気と正義感の強い人間を一人でも多くつくる以外にないと痛感しました。こうした宗道臣の思いが、世界から尊敬と信頼を得るにふさわしい日本人（特に気骨ある青少年）を育てる「拳を主行とした『**人づくりの道**』」に通じています。

宗道臣は、「少林寺拳法の修行を通じて、自己をたくましく変革し、また、人を立てることと団結することをおぼえ、正義のために身を挺して大小の不正に立ち向かう行動力を養うこと、それでこそ『行』といえる」（昭和52年5月『少林寺拳法入門』）としており、当初から少林寺拳法は「行」として、他の武道やスポーツと異なった位置づけをしていました。

少林寺拳法は、勝敗が目的ではなく、身心一体の修養法であり、健康増進、精神修養及び護身練胆の三徳を兼備する「行」です。実際、少林寺拳法には修得した技術を披露しあう機会（大会等）はありますが、試合はありません。そこには、強い人間ではなく、負けない人間（語録3）になろうという教えがあります。実際に、青少年の健全育成を目的とし毎年行われている小中学生を対象とした、「少年少女武道（少林寺拳法）錬成大会」では、順位付けはせず、ある基準以上の成績をとれば、全てを表彰するというシステムが採られています。このように、少林寺拳法独自の教育システムは、優勝劣敗や他人との比較競争によって生まれる、一部の個人のみに用意されたものではなく、誰でも一定の水準まで向上できるように設定されており、老若男女誰でもが修練できるようになっています。

写真 8-2　創始者・宗道臣

一言でいえば、少林寺拳法は、「自己確立」と「自他共楽」を基本理念とし、「人づくりによる国づくり」の実現を目指して創始されたものです。

この少林寺拳法の本質は、宗道臣のあいさつ（「第3回全日本実業団大会（1979年11月11日）」、別添資料参照）に集約されています。

3. 少林寺拳法の特徴

少林寺拳法には6つの特徴があります。行動の在り方、生き方を表す「力愛不二」、その生き方を身につけるための修行方法「拳禅一如」。そして、技を修得していく上で心がけなければならない「守主攻従」「不活殺人」「剛柔一体」「組手主体」があります。これら特徴は、いずれも日常生活に活かし得る要素を多分に含んでいます。

①　体と心を共に鍛える「**拳禅一如**」

拳は肉体を、禅は精神を意味しています。修行をする時、常に心がけていなければならないのは、体と心を片寄ることなく修養させることです。少林寺拳法の修行は、自己を見つめ、自己にある可能性を掘り起こす身心一如の修養法です。勉強や仕事、スポーツなどで大きな壁に突き当たった時に、心が身体に及ぼす影響を考え、身心共に健全な向上を目指し、調和することが大切です。少林寺拳法の技は、心の動きと体の動きが一致したときにはじめてうまくかかるもので、日常生活を含めて、自分を見つめ、心を鍛え高めることで本当の意味での技の上達が得られます。

②　少林寺拳法の目指す行動原理「**力愛不二**」（語録4）

誰もが幸せに生活していくには愛と慈悲ばかりではなく、理知と力の両方が

必要です。「力の伴わざる正義は無力なり、正義の伴わざる力は暴力なり」（語録5）という言葉があります。力と愛、理知と慈悲を調和・統一させ、これを行動の規範として、自己の人生を安心で幸福なものとするとともに、社会の平和と福祉のために積極的に貢献していく必要があります。宗道臣は、平和な世の中をつくるためには、「正義感と勇気と慈悲心の強い人間を一人でも多く育てること以外にない」と考えていました。

③　技と人格の向上を目指す修行の在り方「**守主攻従**」

少林寺拳法の正しい教えは、暴力から身を守るためにのみ使う「破邪の拳」という考え方から、その技法は「受けから始まり、完全に防いだあと反撃する」という組み立てになっています。一人が攻撃を仕掛け、もう一人が防御・反撃するという形式で技術を修得します。護身の技術の性格上、通常の試合は成り立ちにくく、技の優劣を他人と競うことばかりにこだわる世界ではなく、お互いが分かり合い、協力し合える関係づくりを宗道臣は目指したのです。日常生活においては、何らかの敵対状況を守主攻従の考えを活かし未然に防止することを教えています。

④　相手を殺さず、活かす「**不殺活人**」

少林寺拳法の技術は、人を殺傷するためのものではなく、自分を守り、人を助け、人を活かすための「活人拳」を目標としています。

宗道臣が少林寺拳法を始めた昭和20年代は、戦後とあって日本は荒廃し、人々の心も荒れており、街中でトラブルが絶えませんでした。そんな中、宗道臣は街中で暴力を振るう人を少林寺拳法の技を使って懲らしめることがたびたびありました。不思議な技を使って無法者を制する…でも宗道臣はそこで終わりにはしませんでした。倒れた者を介抱しながら、穏やかな口調で行動をあらためるよう諭したことがしばしばあったそうです。懲らしめられた無法者の中には、宗道臣の人間性に魅了され、弟子入りを願い出た人もいた、といいます。相手を痛めてつけて、それで終わりではなく、そのあとのフォローを大切にした宗道臣。人を「傷つける」技ではなく、「活かす」技。それが宗道臣の思いであり、その思いを実践していたのです。

いかなる時も冷静さを失わず、どうすれば良好な人間関係を築けるか。不殺

活人とは、他人を生かし、自分も生きる、理想の対人関係の基本を教えています。

⑤　さまざまな攻撃に対処する「剛柔一体」

少林寺拳法の技には、剛法（突き・蹴り・打ち・切り・かわし）と柔法（守法・抜き・逆技）があり、それぞれの要素を発揮しつつ、補足しあってさらに効果を生む構成になっています。柔能制剛（じゅうよくごうをせいす）という言葉がよく使われますが、この対語として、空断柔（じゅうをたつ）があります。ともすればまったく違う種類の技と思われがちですが、一緒に補うことでより有効になり得るのです。

日常生活においては、さまざまな問題や壁に突き当たりますが、こうした障害を乗り越えるための方法は決して一つではありません。剛柔一体とは、性質が異なるものを組み合わせることによって、柔軟に物事に対応していけるように教えています。

⑥　鍛え合い共に成長する修練システム「組手主体」

少林寺拳法の修練は、二人一組で行うことを原則としています。これは、攻防の間合や虚実、動くものに対する条件など一人では学べない技術を会得するとともに、自分だけ強くなるのではなく、お互いが協力しあって仲間と共に強くなろうという協調性を養うためです。こうした修練は、技術の上達と人格の向上につながります。

少林寺拳法の修練は、道場だけが全てではありません。我々は家庭、地域、学校、職場など社会の共同体、集団の中で生きており、その中でさまざまな人々と調和を図り、よい人間関係を構築する必要があります。この方法として、「組手主体」の修練が生きてきます。

4. 少林寺拳法の修練

（1）少林寺拳法を始めるにあたって

修行を始める際に、まず教えられることに「道場での心得」があります。その心得として「脚下照顧」「合掌礼」「作務」「服装」「態度」「言葉」があります。

① 脚下照顧（きゃっかしょうこ）：自分自身をかえりみる

少林寺拳法の修行の第一歩は、自分自身を見つめることから始まります。脚下照顧とは、自己を見つめ省み、自己の内に真理を求めることです。道場においては、何気ない日常の動き一つひとつが大切な修行と捉え、例えば「脱いだ靴を揃える」「他人の靴にも気を配る」など単純な行為の中に修行に対する心構えを求めています。

② 合掌礼（語録6）：互いに人としての尊厳を認める

人と人との交わりは、礼に始まり、礼に終わらなければならないとの観点から、尊敬と互譲の心をこめて挨拶をします。

少林寺拳法の礼式は、全て「合掌礼」になっており、「手を合せて、お互いに拝み合う合掌礼は、互いが対等であることを表す最高の礼式」として宗道臣は大事にしていました。

修練の際は、開始と終了の際に合掌礼を行います。開始時には正面及び指導者に対して、終了時には正面及び指導者に加え、参加した拳士全員が相互に行います。そこには互いの尊敬と互譲の念が発生します。

③ 作務（さむ）：日常生活に必要な作業を軽視しない

少林寺拳法では、掃除や食事の支度などの作業を「作務」と呼び大切な修行の一つとしています。このため、先輩、後輩関係なく拳士全員で修練の前または後に必ず道場の掃除を行います。

④ 服装：清潔な身だしなみに心がける

少林寺拳法を修行する人は、それにふさわしい、清潔な服装を心がけています。このため、少林寺拳法では「修練時の服装について」規定し、修行の場としての雰囲気を損なうものや修練の邪魔になるものは身に付けたりしないように指導されています。

⑤ 態度：学ぶ気持ちを形にする

修練の場合はもちろん、毎日の生活でもいつも先輩を敬い、後輩を侮ることなく、人と接する時は、礼儀正しく、節度を持ち、学ぼうという姿勢で臨むことが指導されています。少林寺拳法では、先生（相手）の話や説明を聞くときには、腕組み等することなく、結手構えで相手と向き合うことを基本としてい

ます。

⑥ **言葉**：それは話す人の人格である

少林寺拳法の修練では、態度とともに言葉を大切にしています。言葉には「響き」があり、その「響き」こそ、話す人の人格を表すとの観点から、正しい、丁寧な、相手に敬意をもった言葉に心掛けています。

以上の心得は、「人を変える」意味合いをもち、日常の生活面などに非常に役立っています。なにより、変わることができたという喜びは、他人との競争や比較では得られない貴重なものとなります。また、これは本人に「気づき」をもたらし「自信」にもつながっていきます。実際、「こどものしつけ」という面から、入会させる親御さんも見られ、その効果が表れています。ある道場では、不登校になった子が、道場の練習には必ず来た、などのエピソードもあります。そこには、ある意味で家族以上のつながりがあります。また、子どもの社会的能力は、お手本や教えがあり、反復演練で学んだことを活かす実践経験の積み重ねの中で獲得されるものです。家族で少林寺拳法を修練していて取材（平成28年5月）に応じた、東京豊町スポーツ少年団の海沼晴恵さん（母）によれば「少林寺拳法で、みんなの成長を感じられるのは嬉しい」とのことであり、中1の晴申くん（次男）の将来の夢が「リーダーになりたい。不正のない政治家とか。今は生徒会を目指しています！」であり、成長とともに頼もしささえ感じられます。

（2） 少林寺拳法の日頃の修練

通常の修練は、修練に先立ち「鎮魂行」[1]を行います。また、修練の中では、代表者（所属長等）による、「講話」（指導者が折々の社会的出来事等を例として少林寺拳法の「教え」等を説く）が行われます。

少林寺拳法の修練は、科目表に沿って、技と学科のどちらに片寄ることなく、バランスよく行われます。技の修得は一段一段と階段を上がるように修練（漸々修学）するとともに、学科は自分の言葉で語れるまで繰り返し学びます。昇級・昇段試験の際には、学科、実技が試験の対象とされ、そのどちらにおい

ても合格点を取る必要があります[2]。このように、少林寺拳法の道場における修練は、作務（さむ）、鎮魂行、技術修練、学科学習を中心として行われるもので、技の修得だけが目的ではありません。

こうして、道場では、普段ならほとんど知り合うことのないような、いろいろな仕事や立場の違う人が和気あいあいと少林寺拳法の修練を通じて交流をしています。また、どこの道場の修練に参加しても、同じ拳士として「合掌礼1本」で受け入れられてもらえる土壌が確立されています。

5. 指導のあり方

（1） 指導者について

少林寺拳法では、指導者の使命として「宗道臣の志（少林寺拳法創始の動機と目的）を受け継ぎ、各地域で人づくりによる理想境建設という、幸福運動に挺身する」とされ、社会奉仕、社会貢献が規定されています。

宗道臣は、目的が変わっていくことを避けるために、「道場などの所属長は、少林寺拳法の指導以外に、生活基盤を確保できる職業を持っていなければならない」という原則を設けました。このため、指導者は必ず本業を持ちながら、少林寺拳法の指導にあたることとされ、教えることで得られる対価（月謝・教費）の類は一切なく、組織の運営に必要な会費を指導者も含めて拳士全員が負担しています。これらの指導は、指導者に対して、一般社会（外部）から少林寺拳法を常に見て評価するという効果があるとともに、必然的に奉仕精神などを植え付けており、結果として、積極的な社会奉仕・貢献活動につながっています。

また、宗道臣は常々、「指導者になれ」（語録7）と指導しています。「影響力、統率力、指導力があり、率先して陣頭の指揮をとれる、勇気もあり、行動力もあり、みんなを引っ張っていけるような指導者（青年）が欲しい」と言っています。こうした宗道臣の思いを受けて、その教えを実践している拳士がこれまで各界でトップなどの立場で活躍をしています。これらの事実は、宗道臣の教えが正しいことの証左だと考えられます。

なお、最近の各界で活躍する指導者については、「会報少林寺拳法」に掲載されたインタビュー記事（抜粋）として別添資料で紹介します。

（2） 昇級・昇段試験（少林寺拳法では「昇格考試」という）、大会における指導について

日頃の修練の成果を確認するものとして、昇格考試、大会があります。これらに当たる考試員・審判員に対しては、毎年講習会の受講が義務付けられており、その目的は「昇格考試も大会における審査も、その本質は、**「人を育てる」ための一過程**であることを認識した上で実施すること。そして、受験、あるいは大会に出場した拳士が、そのことによって自信や誇りを持てるようにしなければならない」とされています。このため、考試員には、公平無私の姿勢や考試員自ら技術や教えの研鑽に励むこと等が促されるとともに、評価にあたっては、絶対評価がとられています。宗道臣が常々口にした「少林寺拳法の試験は落とすことが目的ではない。全員ができていれば全員合格。全員できていなければ全員不合格」という指導がされています。

少林寺拳法においては、**大会もまた行を修めるための一形態**であり、同時に幸福運動を展開する上での重要な手段とされています。したがって、大会は、勝敗や技の優劣のみを競うためのみのものであってはならないとされ、その目的は「相互の技術研鑽と向上」「同志的連帯意識の昂揚」及び「部外者の理解と協力の拡大」を図ることとされています。このため、審判員には、公平性・一貫性の他、行としての拳技を正しく評価すること等が促されています。また、各大会では必ず実施する上でのテーマが設けられています。例えば、前出の少年少女錬成大会では、27年度が「ワクワク～自分を変えよう～」、28年度が「ワクワク～あなたとともに～」のように、少林寺拳法の教えを実践するテーマなどが掲げられています。さらに、同大会では、人を育てるという観点から、少年少女に大会全体で指揮をとらせたり、記者の体験（若葉記者）をさせる機会を与えるなどの工夫も行われており、担当した少年少女の大きな自信にもつながっています。平成28年度の大会では、畑下一喜くん（小4）と島田瑞穂さん（小5）が若葉記者として大会の様子を取材し、鎮魂行の主座（指

揮をとる立場）を担当した島田倫太朗さん（中2）が「大勢の拳士の前で主座をするのは緊張したけれど楽しかった。大きい声で読み間違えないよう気を付けました」とインタビューに答えています。

6. 少林寺拳法の教育的価値

（1）「自己確立」「自他共楽」～人間形成を可能にする教育システム

　少林寺拳法における修練では、自分の可能性に気づき、自信と勇気を養い、「自己確立」を目指します。前記の「道場での心得」が日常生活における態度や姿勢などの在り方として、そのまま人生の「生き様」に通じていきます。また、少林寺拳法の特徴の一つである「組手主体」は二人で技術向上を目指すことから、協調性や思いやりを学ぶことができ、老若男女、先輩後輩、仲間といった多くの人たちと"組んで"皆で成長していこうということを大切にすることに繋がります。

　少林寺拳法の目指す人間像は、「自分の可能性を信じる生き方ができる」「主体性を持った生き方ができる」「他人の幸せを考えて行動ができる」「正義感と勇気と慈悲心を持って行動ができる」及び「連帯し協力し合う生き方ができる」人間であり、真のリーダー育成を目指しています。

　宗道臣は、創設当初から、日本のゆく末に思いを馳せ、その解決策として、青少年の育成、「人づくり」こそが第一義だと喝破しています。それを引き継いだ、宗由貴は、様々な場で、宗道臣同様、少林寺拳法の「教え」を説き続けています。宗由貴は、「父、宗道臣が日本で創始した少林寺拳法は志を同じくする指導者と、そこに魅かれた拳士と後援者から成る、世界で唯一無二の存在である。……父は常に世界を、社会を見据え、そこから生まれてくる『これでいいのか』という問題意識

写真8-3　少林寺拳法第二世師家・宗由貴

に挑戦し続けた。社会の福祉と平和に貢献するために、父にできることが"人づくり"であった」と述べています(「少林寺拳法-愛の価値、力の理想。」)。この一つの表れとして、「宗道臣の志」の伝承を趣旨とした、「宗道臣塾」(宗由貴塾長)があり、これまで5期(平成28年4月現在)実施されています。そして、宗道臣の志を伝承する受講生の和が着実に広がっています。

　また、宗道臣が目指した青少年を対象とした教育は、日頃の修練などにおける指導に加え、平成24年から始められた「中学の武道必修化」の動きもあり、こうした動きを有効に活用していく段階にあります。本指導書には「学校教育現場において大いに活用され、わが国固有文化の伝統文化である武道を通して、真の国際人として豊かな心とたくましさを持った青少年が一人でも多く養成されること」とされており、これまで主として道場で行われていた修練が必修の教育という形で、より幅広く普及していくことが期待されます。

　これまでに30数校の中学校で少林寺拳法授業が実施されており、採択した学校からは、「安全性」「既存施設の利用」「体操服で実施可能」等の面で好評を得ています。これら青少年教育にも少林寺拳法は十分に応え得るものと考えられます。実際に取材(平成28年3月)をした、少林寺拳法の修練が行われている東京都の加住小中学校では、谷津主将(中2)の「先輩、後輩共に技の修練を楽しむ」という姿勢に対し、新入部員の吉田さん(小5)の始めた動機が「少林寺拳法の格好の良さに憧れて入部し、自分の可能性が広がった」、同じく新入部員の瀬戸さん(小6)は「心を強くするために入部し、やっていて面白い」との言葉に、児童・生徒が心身共に成長していることが窺がえます。

(2) 少林寺拳法の実践〜社会に役立つ少林寺拳法(語録8)

　「少林寺拳法の修行を通して培った心と身体で、この世の中をよくし、人々が幸福に暮らせる国を目指す」という宗道臣の考えに基づき、少林寺拳法は積極的に社会に役立つ活動をしています。この一つの表れが、1995年(平成7年)以来、毎年実施されている「宗道臣デー」という全国的な社会運動です。毎年5月12日の宗道臣の命日に近い日曜日を基準として、社会活動を全国各地で実施しています。自分の可能性に気づき、自信と勇気を養い、「自己確立」

を目指すのが道場ですが、その力を新たな行動力に変換して、社会の中で「自他共楽」を実践していこうというのが宗道臣デーです。

　これまでに、公園・河川等における清掃活動、老人ホームなどへの訪問による交流、各種イベントへの参加・協力など、それぞれ工夫を凝らした活動が各地で行われています。また、本活動以外に、各地で普段から社会貢献、奉仕活動が展開されています。さらに、大会等実施の際には、被災支援等の活動も併せて行われています。これらの活動は、各地でも評価が高く、活動の輪が広がったり、表彰されるなどの評価を受けています。最近のこれらの活動については別添資料をご覧ください。

7. おわりに ― 将来に向けて

　わが国は、今後ますます少子高齢化社会が進んで、生産労働人口の減少等に伴い社会に活気がなくなってしまう一方で、人の命が軽く扱われるような悲惨な事件なども起こっています。このような犯罪の低年齢化と凶悪化の一途をたどる傾向は、「人の痛みがわかる」という心の問題をないがしろにした結果ではないかとも指摘されています。またこれは、現代の子どもの、人の迷惑が分からない、平気でルールを破る、我慢できずすぐ「キレる」、思いやりがないなどの社会性の欠如にも通じています。

　身心一体の修行を通じて、社会に役立つ人間の育成を目指す少林寺拳法は、健全な心を育み、自分ばかりでなく、人とともに幸せになろうとする人づくりを目指しており、現代社会において、その役割はますます重要になっています。このため少林寺拳法は、今後とも、少林寺拳法関係団体はもとより、武道団体やスポーツ団体、全国規模や地方の青少年育成団体などとの協力関係を更に充実させるとともに、その時の社会状況に適応した活動を継続して行って行く必要があります。

　少林寺拳法は、独自の「教え・技法・教育システム」を持ち、社会と一体となった人づくりを実践するところにあります。特に、子ども（児童や生徒）を育成する包括的な取り組みの中で、少林寺拳法が役立つことを確信し、これら

教育分野への普及を進めていくとともに、「宗道臣デー」などの社会貢献活動を更に工夫し、内容の充実を図り、継続して推進していきます。「可能性を信じなさい」と宗道臣は言いました。社会に役立つために何ができるのかを自分で考え、挑戦し、努力をするといった「人づくり」に、そして「人づくりによる国づくり」に少林寺拳法は、これからも弛まず努力していきます。

「原点に帰れ」という言葉を残し昭和55年5月12日に不帰の人となった宗道臣の教えは、宗由貴に受け継がれて今後も生き続けて行きます。

注
1) 鎮魂行とは、少林寺拳法において精神を修行の状態にさせるために行われ、全員で唱えることにより心を集中させるものです。「少林寺拳法を行う上での心構え」「人としてどう行動すべきか」「日々の実践への決意」などを一緒に唱和します。
2) 少林寺拳法には、主に拳技の修行の進歩の度合を表す「武階」と、「武階」に精神面の成長を加えて、技と心の両方を総合した拳禅一如の修養の段階を表した「法階」の制度があります。初段から三段までは武階のみを允可される場合がありますが、四段以上を正規の指導者としているため、四段以上の資格を得るためには特別な審査を受け、法階を取得する必要があります。

「会報 少林寺拳法」に掲載されたインタビュー記事（抜粋）

【大分市長　佐藤樹一郎氏】（平成28年6月10日　大分市役所にて）
（東京大学在学中は少林寺拳法部に在籍。少林寺拳法二段）
「苦しい練習や大会の緊張感を乗り越えた自信が、いまの自分を支えてくれる。」

> Q　少林寺拳法の教えで、印象に残っていることがあれば教えてください。
> 佐藤　「己れこそ己れの寄るべ……」という言葉は、私の座右の銘です。仕事はもちろん、何をするにあたってもいろいろな人の協力を頂かないと事を成し遂げることはできませんが、その前提として自分を鍛錬して整えておかねばならない、と。この教えはずっと大事にしています。特に苦しいときは、この言葉を思い出しますね。
> 　日々の練習、合宿、あるいは大会などでも厳しいこと、苦しい場面がありますよね。その一つ一つを乗り越えてきたこと、ここぞという場面でもうひとふんばりしてきたこと。それらは身体の鍛錬であったと同時に、精神面を鍛えてもくれていたのですね。それが大きな自信になっています。

【近鉄グループホールディングス株式会社及び近畿日本鉄道株式会社代表取締役会長　小林哲也氏】（平成28年4月6日　近鉄グループホールディングス本社にて）
（早稲田大学在学中は少林寺拳法部に在籍。少林寺拳法二段）
「「己れこそ己れの寄るべ」「半ばは自己の幸せを半ばは他人の幸せを」社会人として実感した、少林寺拳法の教え」

> Q　ここからは小林さんが社会人になられてから少林寺拳法の教えをどう感じ、実践してこられたのか、そこをテーマにお話を伺います。少林寺拳法の教えを社会人として実感することはありましたか？
> 小林　ものすごくありますよ。技法だけでなく、しっかりした教えがあります。少林寺拳法の良いところはそこだと思います。私がいちばん実感しているのは、「自己確立」と「自他共楽」ですね。この精神はすごく大切です。

【日本経済新聞社代表取締役社長　岡田直敏氏】

(平成27年10月5日　東京・日本経済新聞社にて)

(東京大学在学中は少林寺拳法部に在籍。少林寺拳法二段)

「すべては人の質にあり。宗道臣の教えを実感しつつ、激変するメディアビジネスの荒波に立ち向かう。」

> Q　では大学を卒業して社会人になってから、少林寺拳法の教えを実感するようなことはありましたか？
> 岡田　宗道臣先生の教えに、「人、人、人、すべては人の質にあり」とありますね、このことは折に触れて実感しています。とくに歳を重ねて、会社の中での役割が重くなってからは、しみじみと感じますね。といいますのも、新聞社は人が資本です。人が全てと言っていい会社ですから、社員一人ひとりの能力を最大限に引き出さないといけません。それができるかどうかで会社の競争力が変わってしまいますからね。

【東京藝術大学学長　宮田亮平氏】(平成28年1月18日　東京藝術大学にて)

(東京藝術大学少林寺拳法部に在籍。少林寺拳法二段)

「アートを志す個性的な連中が夢中になった少林寺拳法。いまあらためて噛みしめる宗道臣の言葉の意味。」

Q　本部には行かれましたか？
宮田　もちろん行きましたよ。当時はまだ宗道臣先生がお元気で、指導の先頭に立っておられましたね。「すごいカリスマを持った方だな」と感じました。
Q　みなさん、そうおっしゃいますね。
宮田　ところがね、宗道臣先生が東京藝術大学に対して偏見を持っていて「あいつら、ちょっと変わった、おかしな連中じゃないか」とおっしゃっている‥‥そんな噂話が我々の耳に入ってきまして（笑）。それでみんな憤慨してね、「許せない！ 芸術を冒涜している！」「俺たちほどまともな奴はいない！」といって、宗道臣先生に文句を言いに行ったことがあるんです（笑）。
Q　そんなことがあったのですか！ 宗道臣は何とおっしゃっていたのですか？
宮田　宗道臣先生は私たちのお話も聞いてくださってね、「いや、そうかそうか」「じゃちょっと違っていたのかな」って言ってくださったのかな‥‥それが縁になってずいぶん可愛がっていただきました。「ワシにそんなこと言いに来る奴はいない」とおっしゃってね（笑）。

【海上自衛隊護衛艦隊司令官　河村正雄海将】
（平成27年6月25日　海上自衛隊護衛艦隊司令部にて）
（防衛大学校では少林寺拳法部に所属。少林寺拳法三段）
「宗道臣の教えと厳しい練習が、己の資質を開花させてくれた。」

Q　自分がなにを選択するかによって結果は常に変化します。喧嘩をするのも、分かり合うのも、自らの選択次第ですね。その意味では、可能性の扉は常に開かれていると言えると思います。
河村　ですから、苦しい時というのはすごく大事です。苦しみを通じて、自分の力が引き出され、いろいろなことに対応できるようになってきている。そのプロセスだと思います。
《己れこそ己れの寄るべ》とか《半ばは自己の幸せを半ばは他人の幸せを》とか、宗道臣先生はいくつかの明確な言葉を遺していますけれども、ああいうものが実際に自衛隊の部隊に行った時に、いろいろな苦しい場面で出てきました。それに励まされて、苦難を乗り越えることが出来たのです。そして、同じように苦しんでいる同僚や部下達にそういう言葉を話すことによって、彼らを元気づけることも出来たのだろうな、と実感します。

【ANAセールス株式会社代表取締役社長　白水政治氏】

（平成27年3月6日　ANAセールス株式会社にて）
（西南学院大学少林寺拳法に所属。少林寺拳法二段）
「《正しい心》を持っていなかったら、リーダーを務める資格はない。」

Q　そのためには組織をまとめ上げるリーダーの役割がたいへん重要になってきますね。組織が大きくなるほどに、メンバーの意識をひとつにするのは難しい‥‥‥この点について、白水さんのお考えをお聞かせ下さい。
白水　これは少林寺拳法でも同じことを言われますね。良い指導者になれ、社会のリーダーになれ、と。卒業後は少林寺拳法と再会する機会はなかったのですが、少林寺拳法の教えは、いまも私の精神的な支柱です。「少林寺拳法の考え方は組織の運営にぴったりだ」と思っていますが、実際に少林寺拳法の教えを意識しながら仕事するようになったのは、部長になった時からですね。10年以上前のことです。

2016年度の主な宗道臣デー活動

【大阪楠葉北スポーツ少年団】

　5月8日（日）午前中、毎週修練を行っている小学校の体育館周辺を、拳士や保護者と共に、草抜きや溝掃除、落ち葉拾いを行いました。拳士、保護者、兄弟姉妹46名が参加しながら、和気あいあいと活動することができました。小学校からもビニール袋を準備してもらえ、体育館利用の他の団体も一緒に活動したいと申し入れがあるなど、活動への理解がされてきたと思います。最後には、たくさん積み上がった雑草や落ち葉の山を前に、「一人ひとりでできることは少しだけれど、同じ目的を持った人が集まれば大きな力となる」という話をすると、みんな真剣な眼差しで聞いていました。今回は1団体に協力をしてもらえましたが、この活動がさらに発展していくよう地域に広めていきたいと思います。

【群馬大学、桐生高校及び樹徳高校各少林寺拳法部】

　5月8日（日）午前中、「宗道臣の思いを共有」をテーマに、桐生市立青年の家の庭その他外周りの清掃活動（草取り、掃除）を日本拳法桐生支部及び地元婦人会と協同で、拳士94名が参加して行いました。本活動は「開祖デー」から桐生道院が中心となり群馬大学、桐生高校及び樹徳高校少林寺拳法部の3団体が行ってきていますが、桐生道院が昨年より地元町会と一緒に河川清掃を行うこととなったため、上記3団体が引継いで実施しています。参加者は「宗道臣デー」の意味をかみしめ意識をもって活動しており、今後も恒例行事として継続していきたいと思います。これ以外に、40年前から実施している青年の家の武道場清掃、蛍光灯取り替えの活動についても市から喜ばれていることから、今年の12月には「青年の家武道場大掃除」として行っていきます。

【かつらぎ東スポーツ少年団・笠田高校少林寺拳法部】

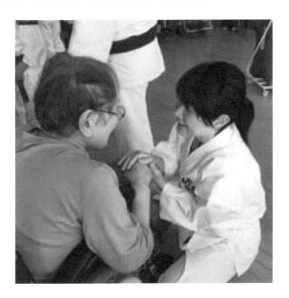

　5月15日（日）午前中、地域にある「アメニティかつらぎ」（老人ホーム）を40名で訪問し、参加した皆さんが元気になり、少林寺拳法の拳士として、終戦直後の混乱期を生きてこられたお年寄りから学びを深めることを目的とした活動を行いました。毎年恒例の行事となっており、参加いただいたお年寄りの方々は、あまり普段会うことのできない子どもたちの元気な姿に感動していただいている様子でした。また、施設の方々にも少林寺拳法の素晴らしさを知っていただけたものと思います。施設から、恒例の行事として定着させていきたいとの要望もあり、同様な活動を今後も続けていきたいと思います。

【大野原スポーツ少年団】

　5月14日（土）午前中、「ふれあい・優しさの絆」をテーマに、30名で山間の新緑眩しい景観に囲まれた介護老人保健施設・ひうち荘を訪問しました。最初に『少林寺拳法コンセプトDVD』を鑑賞して、演武披露をした後、施設のお年寄りの皆さんと拳士が一緒に「合掌体操」をしてふれあいました。そして「会報少林寺拳法」に添えて造花のカーネーション（保護者作製）をお年寄りにプレゼントし、最後に、施設の尾藤事務局長様からお礼の言葉をいただき、来年の訪問を約束して施設を後にしました。

　拳士一人ひとりが主になり、活動を通じてお年寄りに優しくふれあう姿は、団のモットーである「真の技術を学ぶ前に、真の心を鍛える」が実践できていると実感しました。拳士たちの日記には『来年はもっと楽しんでくれることをやりたい』と熱き希望が書かれ、有意義な慰問であったことが窺がわれました。次回についても拳士たちにはお年寄りの皆さんを笑顔一杯にして楽しんでいただけるプレゼントを考えてもらい、さらに車いすの操作体験も行って、少しでも介護についての知識を持ってもらえるようにしていきたいと思います。

【兵庫福崎スポーツ少年団ほか】

　5月15日（日）、「清掃活動を通じて地域社会に貢献し、社会に役立つことの喜びを感じてもらいたい、また、多くの所属が合同で実施することで、拳士のつながりを感じてもらいたい」をテーマに、45名が参加して活動を実施しました。爽やかな天気の中、協力して実施したことで拳士同士のつながりが深まるとともに、地域の方にも『ご苦労様』と声をかけていただきました。また、拳士・保護者から熊本地震の義援金として募金活動を行い、少林寺拳法グループへ送金をしました。

【宮城美里スポーツ少年団ほか】

　5月29日（日）に、「誰かの役に立つことをみんなで考え、行動しよう」をテーマに、50名が参加して、練習で利用させていただいている施設に、自分たちで縫った掃除用の雑巾を寄贈しました。
　「自分たちで雑巾を縫う」という経験をするのが初めての拳士が多く、事前に「雑巾の縫い方」のチラシを配布し、それを参考にしながら頑張って自作しました。参加した拳士からはいい経験だったという感想が多く寄せられるとともに、今回寄贈した「青生コミュニティーセンター」では児童館も併設された施設のため雑巾の使用頻度が高いということで、非常に喜ばれました。
　次回も今回のテーマを継続していきますが、雑巾寄贈だけでなく、更にグレードアップした内容をやっていきたいと思っています。

宗道臣語録（抜粋）

　創始者・宗道臣は、非常に人間的な魅力があり、その講話は、自分の失敗談をも包み隠さず評すようなざっくばらんなもので、肩がこらず、かつ青少年の血を湧き立たさずにはいられないような情熱を常に含んでいました。次にいくつかの講話語録を紹介します。

● 語録１：「半ばは自己の幸せを　半ばは他人の幸せを」
　『己は人間としてどうあろうか』―ここから出発すべきです。君らだってそのうちきっとわかるときがくると思うが、この世の中でいちばん大切なものは何かといったら、一人ひとりの人間じゃないの？　身近に言うなら、家族や友達が幸せに暮らせるだろうか。中には、いえ思想ですとか、国やら会社への忠誠心ですとか堂々とおっしゃる人がいます。でも私は、人間の前にイデオロギーや思想を置いたり、『生きている人のためが優先されず、大事にされないような何やらは、もうご免、間違っていると思う。』
　人間という存在を考えるときにスタートとなるのは、『我』という自分だし、自分を大切にするかしかないから、すべては始まる。言葉を換えると、自分を大切にするようになって初めて他人を尊重できるようになる。『俺が痛い目にあうのはいやだけど、他人がそうなるのは知ったことか』、このレベルでしか物事を感じられない人は、他人どころか自分も大切にできないまま人生を終えてしまう、違うかな？
　私は小さいときに親父に死なれ、妹二人を抱えて母親と苦労したせいもあり、自分は食べなくても妹やおふくろには食べさせてやりたい、そういう、与えたい愛とでもいう気持ちをいつも切実に感じて育った。こっちも子供で、稼ぎ手まではいかんと、母親の手伝いがせいぜいだったし、三人ともやはり早く死んでしまったから、実際には何もしてやれませんでした。
　でも、そんな自分以外の存在をいたわりたい、かばいたい、ちょっとでも喜ばせたい…、いつの時代だろうと、どこの国の人であろうと、これ普通の人間なら心にフワッとわいて出る自然な感情、思いじゃないかな。だから己がかわいいと同時に他人のことを、ましてや、それが自分より弱い存在ならなおさらだけど、半分で

もいいから思いやれる、子供のときに芽生えたこの気持ちを、私はずっと大事にしようとしてきた。また、してきたからこそ『半ばは自己の幸せを半ばは他人の幸せを』『他人を生かして我も生かされる』といった、その後の私の考え方の基本にもなった。」(1974年8月、夏季大学連盟本部合宿での講話)

● 語録２：「人、人、人、すべては人の質にある」
　「平和で公正な社会、そんな人類社会の建設はあまりに遠いにせよ、『他の犠牲において自己の幸福を得ようとする心を捨て去り、相互の信頼と愛情を深め、理解し合い助け合い、手を握り合って理想の楽土を確立すべく個々の人間が己の人格を高める努力をする』──ことを心に留め、日々生きる際の基準にする。大変でも、それぐらいはできるのではなかろうかと。そして、そのように私たち一人ひとりの考え方を変えていこうとするのが幸福運動（少林寺拳法創始当初から一貫している、平和で物心とも豊かな社会を実現しようという運動）なのです。『人、人、人、すべては人の質にある』。どれほど時間がかかろうと、どれほど現実味のない運動であろうと、権力に就く連中の質を全部変えていくことによって、世の中をよくすることが必ずできると私は信じている。」(1977年8月、全国指導者研修会での講話)

● 語録３：「いっぺん負けても負けたと思わない」
　「ずっと昔のことですから、当時は菓子屋もなければ、あったところでお金もない。私は菓子なんて食わなくてもいいけど妹がかわいそうでね、妹たちのために従兄弟がもらった三倍くらい取ってやった。見つかって怒られようが、『何か文句あるか、悪いのはそっちだろ』とケロッとしたもんであった。つらい目に遭うたびに環境やらのせいにするのがいるが、あえて言うと、そういうのは弱い人だ。いじめられた、意地悪されたからもうダメだなんて、決してそんなことない。己がしっかりしてればいいのです。親がいなくて寂しい。なら小さい妹たちはもっとだろう。かわいそうな思いを少しでも軽くしてやりたい。あのころは今のようにマンガ本があふれてるわけじゃなかったからスーパーマンも知らなかったが、なんとなく正義の勇者みたいなつもりで頑張った。妹を守ってやりたい。それには自分が強くならなければいけない。そんなことを子供ながらに感じて大きくなった。大人からみればどうしようもない悪ガキ、手に負えない生意気な小僧だったんでしょう。でもその言うことを聞かない子が、今では少林寺拳法の管長とかいって何十万の人を集めてワイワイやってる。振り返れば子供のころからの生き方が、今日のこの私を作っ

てくれたんだと（この少林寺拳法を私につくらせたようにも）思います。」(1979年3月、本部武専での講話)

● 語録４：「力愛不二」
「力と愛は別々に存在しては意味がないと、私は力愛不二を主張してきました。ただしここでいう愛とは慈悲心という愛情だとも説いてきた。いつも言ってきたことだが、己の欲求のみを満足させるための愛は愛の一つの形ではあるにせよ、少林寺拳法がモットーとする愛とは別のものです。求めるのではなく与えて喜ぶ気持、あるいは仏教でいう慈悲心、ひと言でくくるなら、それこそが私たちが大事に育てたい愛なのです。つまり真に愛するとは「求めること」でなく「与えて喜ぶ気持」、ここに尽きるんじゃないのかな。
　愛、つまり慈悲をわかるには力という問題も同時に認識する必要がある。で私が伝えたい力とはもちろん殴るとかではなく、他を説得できる、納得させられる、そういうことを指すのです。トラブルに向き合う経験を私は多く体験してきたが、非暴力主義のガンジーでさえ、次のように言っています。「私は非暴力（不服従）は暴力よりも遥かに優れており、許しは罪よりもさらに雄々しい勇気と力がいることを知っている。しかし許しはすべてに優るとはいえ、罪を差し控え許しを与えることは罰する力がある人だけに許されたことなのではないだろうか。」
　相手にも罪を犯させず、また自分も犯されず、言葉で聞かなければ力に訴えても止めさせて、改心すれば許す慈悲心、慈悲と力のあり方をガンジー同様私もそう捉えてきた。小さな親切運動も結構だし小暴力反対運動も大いにやってもらってよろしいが、それなら大親切運動や大暴力追放ってのもどんどんやってしかるべきだ。慈悲心を持って力の裏付けのある行動をほんとうにしてみろ、世の中うーんと明るくなる。正しいものが正しいというだけでは生きていけない、力の裏付けが必要な現実にわれわれは生きているということを忘れるな。ただし人を殺して革命を成立させても、人類の長い歴史を振り返ればすぐさま答えが出るように、そんな社会変革は決して長続きしたことはない。そうではなく人の心を変えること、それこそがほんとうの革命なのです。確かにまどろっこしい。でも私は少林寺拳法の基本である『与える』『相手を生かす』、この運動をし続けたい。……
　己を犠牲にしてもが根底になければ慈悲心も力の裏付けある行動もできない。易しい言い方をすれば、拳法をただチャンバラの手段とだけ捉える方向をやめようではないかと呼びかけている。一拳必殺とか一人一殺、ここにもそうした言葉が大好

きなのが多いと思うけど、時代遅れも甚だしい。無意味なエイ、ヤー、オゥ、ハーなぞとっとと卒業し、もっと別な意味で勝者になろうではないか。」（1970年8月、夏季大学連盟本部合宿での講話）

● 語録5：「正義なき力は暴力である」
「……人類の幸せにつながる道というものは、他を一方的に否定する道ではありえない、調和の道であるという、ここを間違えるなと言いたい。調和とは単なる同調や妥協ではないんだぞ。反対するものが存在する、まずこの認識が必要。そしてその上で相互の良さを見出し、持ち寄って、より良いものを育てる生き方、これが調和です。

少林寺拳法は突いたり蹴ったりの世界で一人のチャンピオンを育てるなんてことは考えてもいないし、全体のレベルアップを願い運動をしてきた。だってね、君ら全部が変わらなければ、どんな革命を何度やろうが日本という国は変わらない、変われないからだ。しかも僕らだけが分かり、変わったってしようがない。君らが学校を出、社会に参加し、そして少林寺拳法で学んだことを継続して考え行動してくれていったら、いつか日本だってよくなっていく。

総理大臣にならんだって、国民の大半がまともで質が高かったら、ちょっとは誇れる国になれる、そう思えよ。」（1977年3月、春季大学連盟本部合宿での講話）

● 語録6：「「合掌」とは意思表示である」
「スタートから、技の切り売りで名利を求める、そうした生き方を私は否定してきました。そして自分の体験を通して、『このままではいけない』と考え至ったことを、思うだけではなく実行しようと少林寺拳法を始めた。

日本人は、ほかの民族よりも優れている、偉いだなんてバカなうぬぼれ。死んでも国や天皇、上にだけ忠を尽くすことをよしとし、個々の人間教育、縦にしか結束できない、横のつながり、団結が持てない人間関係……。そうしたこれまでの日本、日本人のあり方を、私なりの方法で、少しずつでもいいから変えていきたい。日本人同士だけじゃない、いろんな国の人たちと仲良く生きていける社会をつくりたい。言葉を換え、それぞれに近づけて言うなら、『己自身をまず対象にした人間改造』、これです。ね、しかも人によって人生の転機は異なるから、それが何であれ、きっかけ、つまり自分を変えていこうとするときに必要となる手がかり、とっかかりは各人各様、何であってもいいと私は思っている。

己と他との関係、我も存在するが我以外の、自分とはさまざまに違った他も存在するという、このわかりきったようですぐ忘れてしまう人間社会の事実を認識していく。しかも自他共楽の存在・関係を認識する仲で、自分のことだけでなく、せめて半分は他人の気持ちやら幸せを考えられる人間に自らを変えていく。これが私たちのあり方だし、私との出会いが、そうした自己変革への一つの契機になってくれればいいということです。」(1973年の講話)

● 語録7:「リーダーについて」
　「今、私が本当に欲しいのは、少林寺拳法のためではない、民族や人類の幸せに役立つような、指導者になれるような若い者が欲しいのであって、人間の数が欲しいんじゃない。雑魚は100匹集まっても雑魚だ。
　影響力、統率力、指導力のある数人の人間が、いかに重要であるかということを私は言いたい。率先して陣頭の指揮をとれる、勇気もあり、行動力もあり、みんなを引っ張っていけるような青年が欲しい。少なくとも、人の上に立ち、人を引っ張っていくんだったら、君たちは機関車になれ。何百人、何千人を乗せて走る、あのエネルギー。要するに、自分が引っ張って走るのが機関車ですよ。引っ張られている客車や貨車は、これは大した意味がない。」(1975年8月、指導者講習会での講話)
　「私はよく指導者、指導者と言う。いつ何が起きるかわからんが、そんなとき、何とかできる、あわてずにそれを切り開ける、これがリーダーだと思う。ああして避難民部隊ができあがっても、何人か寄れば必ずリーダーが必要だし、生まれてくるのです。指し示し導く人が必要なのだ。少林寺拳法はそれをつくろうとしてきた。どうか『突け、蹴れ、お前は足が三寸高くなった、えらいやっちゃ』なんて、そんなくだらない指導者になるな。もっと立派な社会人として役に立つような指導者を少林寺拳法は育てたい。」(1980年1月13日、鏡開きでの講話)

● 語録8:「社会の役に立つような指導者を育てたい」
　「日本が戦争に負けた時点で、当時の満州国のソ連国境において体で感じたもの、見たものを基本にして、私は生き方を見つけた。そこから少林寺拳法は始まったのです。私が住んでいた東満国境では、開拓団や少年義勇兵を捨てておいて軍隊だけが逃げた。……
　もちろん軍人が全部ダメとは言いません。しかし、そう慣らされた人は、やはり

そのことしか考えない。私がいちばん辛かったのは、軍隊が捨てて逃げた後です。日本人が残っていた。その日本人を最初に売ったのは誰かといったら、日本人なのです。とことん人の足を引っ張る、邪魔をする、なぜか。それは天皇のために死ぬことだけが絶対であって、日本人同士仲良くしようなんて教育は一回も受けた経験がないからです。<u>私はほんとに情けない敗戦直後の日本人を見ています。日本人同士がもうちょっと仲良くする方法がないだろうか。これは何とかしなければいけないということから、少林寺拳法は始まったのです。</u>」

● 「社会と向き合う」「行動に出せるというのが絶対条件」
「……　だから、いかんことはいかんと言える、正しいことは正しいと言うてそれを褒められる、そういう勇気のある、正義感の強い人間にならなければいけないのであって、思っているだけではダメだ。<u>要するに、行動に出せる、ということが絶対の条件なのです。</u>
…いろんな問題があるなかで、では、具体的にどう処置するか。自分ならどうあるべきか。
ただ正義を振りかざしてみたところで、問題は解決しないことのほうが多いね。だから、正攻法でうまくいかなかったら、別のほうから攻めろというのが私の生き方である。勝たなきゃいかんときには、知恵を使って勝てばいいのである。そのためには、何も表から攻めるだけではない。ですから、相手の出方によってね、縦横に変化できる、本当の勇気と行動力というものがなかったらダメである。」（1975年7月、夏季大学連盟本部合宿での講話）

● 「社会と向き合う」
「私が君たちに最も強調してきたのは、<u>半分は自分主体で結構だが半分は相手の立場、利益を考える、てなかったら長続きする関係は絶対に続かない</u>——ということでした。時代や政治形態がどう変わろうとも、人間であるかぎり、これは永久に変わらない法則だと私は思ってます。……
誰と会い何を語っても恥ずかしくない展開ができる。けれど、それには多くを勉強し、さまざまを知らなければいけない。新聞読んでも漫画か株、どこが勝った負けたのスポーツ欄しか見ない。おそらくそういう人のほうが多いんだろうが、それじゃあダメ。世界のドル相場は、日本の円は、貿易は、政府は、そうしたことにももっと関心を寄せなさい。『ええと、そのう、さて』では、話にならないし、そ

んな人とは雑談する気にもなりません。指導者になるには当然の教養を身につける必要があるし、そのための努力をしてもらわなくては困る。また、そうしてもらいたいから参考のためにいろいろ言った。少林寺拳法の先生は突いたり蹴ったりしかできないでは、これは通用しません。学歴ではない、本当の意味での学識や常識をもって欲しいと期待したい。」（1974 年 4 月、本部武専での講話）

宗道臣あいさつ
(第3回全日本実業団大会 (1979年11月11日))

　この大会でのあいさつは、生前の宗道臣の最後のものとなり、今も、この時の宗道臣の目に浮かんだ涙とともに、この大会を思い出す人は少なくありません。その要旨は以下のとおりであり、宗道臣の「少林寺拳法に対する思い」が詰まったものです。

(内容要旨)

　少林寺拳法は、戦後の混乱した状況の中で、われら日本人だ、誇りを失ってはいけない、という痛切な思いから生まれました。昭和20年の敗戦の時、私は当時のいわゆるソ満国境にいて、いろいろなことを見、苦労もしました。日本の軍隊が、その直前に列車を徴発して、転進と称して退却する。民間人が頼んでもその列車に乗せてくれない。ソ連領の占領下でも本当に嫌なことを体験してきました。アメリカの上陸用舟艇が引揚者を迎えにきてくれた時、付けていた日の丸の旗を見て、涙がでました。日本という国がまだあったんだという思いです(当時を思い出したのか、宗道臣はしばらく絶句して涙ぐむ)。

　ところが、帰国してみれば日本はひどい状況でした。日本人同士が足の引っ張り合いをやっているのです。日本人、日本民族というのは、いったい何なのだと悩みました。

　これではいけない、日本人としての自覚を持ち、援け合い、誇りと自主性を回復するにはどうしたらいいのか。自信を持ち、一人ひとりを良くして横につなげていくには…ということから少林寺拳法を始めたのです。

　讃岐の土地でまわりの人たちから、そんな埋想は絵に描いた餅だと忠告されながら高校生に教え、育てたのです。その高校生たちが巣立って大学に入り、実業団へ進んでここまできました。少林寺拳法は、良いから広まったのです。スタートした時の親から子に、そしてもう孫の時代もやって来ようとしています。広がり過ぎて困っているくらいです。でも、こうなったら止まりません。どこまで成長するのか、私自身にも見当がつかないくらいです。

　少林寺拳法は人間完成のための『行』であって、単なる武道やスポーツではありません。勝敗を目的とせず、互いに拝み合いながらともに上達を図る。その修行に

よって本当の自信を身につけるとともに、人を立て、援け合うことを覚える。それを日常生活の中に生かす『行』なのです。『半ばは自己の幸せを半ばは他人の幸せを』という、この少林寺拳法は、とにかく相手の顔を見ることが嬉しいという素朴な感情でもあります。

私の実践が誤っていなかったことの証拠に、これだけの拳士が全国から集まり、今夜になればまた全国へ散っていきます。そして日常の活動の中で少林寺拳法の精神を実践していくのです。

たった一人で始めたものが、ここまで来たのです。みんなでやれば、もっともっと大きなことができるはずです。幸せな日本を作るために、どうか健闘していただきたいと思います。

【コラム③】　少林寺拳法の武道教育への活用

　以下、WEBサイト「少林寺拳法オンラインマガジン」から、「武道教育への活用」の観点から、関係あるものを掲載しています。

【宗由貴】（少林寺拳法グループ総裁・少林寺拳法第二世師家）

　「"人間力"を養うために、少林寺拳法は役立ちたい」
　（2014/03/10）
　南極に棲む皇帝ペンギンの子育てには、人間が失いかけている「無償の愛」と「生命のつながり」を学ぶことができます。ペンギンの子供が自力で餌を捕れるようになるには、生まれてから5、6か月はかかるそうです。もし、夏にヒナが生まれたら、独り立ちするころがちょうど餌の少ないマイナス40度の冬になるため、それを防ぐために、わざわざ厳しい冬に卵を産むというわけです。
　一回の産卵で生まれるのはたった1個。産卵で失った体力を回復させるため、メスは餌を求めて遠くの海に出かけます。メスが帰って来るまでの2か月の間、オスは卵が凍りついてしまわないように、袋状になった下腹部の羽毛で、ただひたすら我が子のために、飲まず食わずの状態でじっと寒さに耐えながら卵を温め続けるのだそうです。そして、メスが帰ってきたら、生まれたわが子を交替で守りながら、自立できるまで協力して子育てをするのです。
　この子育ての図は、すごいなあと感動しながらも、子供を持つ人間の親からすれば、形は違ったとしても、誰しも「そう、親とはそういうものだ」と共感するものだったはずです。しかしここ最近、日本の各所で次々と起こる乳幼児虐待事件を見ると、子供を振り回して床に叩きつけたり、置

き去りにして餓死させたり、顔に熱湯をかけるなど、なぜそんなことができるのかと信じがたいものばかりです。そしてその理由が、「泣きやまないから」「懐かないから」「部屋を散らかすから」「御飯を食べないから」「自分が遊びに行きたいから」などという驚くべきものです。自分の都合から発するものが大半で、発覚すると、「自分だけがやったんじゃない」と笑みを浮かべていたり、「まさか死ぬとは思わなかった」「自分の見えないところで死んでいてくれたら」という、自分さえよかったら……という自己中心的な人間が子供を持ってしまっていることに危機感を覚えます。

　親になる以前に、人間として生きる力を何も養っていない、また養う社会環境が劣化している現代です。人間として生きる力、つまり"人間力"とは、困難を乗り切る知恵と、異質なものを受け入れ共存する度量とコミュニケーション能力、おかしいことをおかしいと言える勇気と伝達力、そして可能性を信じ、ポジティブに生きる力です。養うための環境が必要です。そういった"人間力"を養うために、少林寺拳法は役立ちたいと考えています。

【新井庸弘】（一般社団法人 SHORINJI KEMPO UNITY 顧問／前一般財団法人少林寺拳法連盟会長）

「少林寺拳法連盟の使命と在り方」（2015/06/24）

▼少林寺拳法連盟の使命は、「広く一般の人々に、武道を通して、学校・職域等において自己の変化、達成感を味わう環境を提供する」こと。その大前提として少林寺拳法創始の目的「人づくりによる国づくり」があります。つまり、少林寺拳法の修行を通して「自己の可能性を信じ、半ばは自己の幸

せを半ばは他人の幸せを」考えて、信念をもって行動できる、リーダーシップを持った人を一人でも多く育てて、テロや紛争、戦争のない平和で物心ともに豊かな社会の建設に貢献するということです。▼少林寺拳法連盟は、「真の武道団体」です。勝利至上主義、技術的強さのみを誇る武道は、武道の真髄から逸脱しています。武道の本義とは、人と人との争いを止め、平和と文化に貢献する、和協の道を表した道徳的内容を持つものであり、いたずらに、争闘を求め、敵を倒し、敵に勝つことのみが目的ではありません。これは日本武道協議会で制定された「武道は、武士道の伝統に由来するわが国で体系化された武技の修練による心技一如の運動文化で、柔道、剣道、弓道、相撲、空手道、合気道、少林寺拳法、なぎなた、銃剣道を修練して心技体を一体として鍛え、人格を磨き道徳心を高め、礼節を尊重する態度を養う、国家、社会の平和と繁栄に寄与する人間形成の道である」とする武道の理念とも合致します。▼少林寺拳法連盟は「真の武道」としての在り方、そして「真の武道団体」としての在り方を堅持します。

【川島一浩】(一般財団法人少林寺拳法連盟会長)

「最高の思い出として」(2016/09/29)

▼7月28日、岡山県でインターハイの総合開会式がありました。高校生のパフォーマンスは太鼓、ダンス、創作劇など躍動感に満ちていました。その後、開祖生誕地の美作で3日間開催された本大会は溌剌としてキリッとした印象。

また、各大会役員が挨拶した際に、高校生拳士たちが「はいっ」と大きな返事をしてくれたことをとても嬉しく思います。▼インターハイを皮切りに8月6日、東京・日本武道館で全日本少年少女武道(少林寺拳法)錬成大会、8月12～14日、大阪で全国中学生大会(少林寺拳法)が開催されました。どの大会もインターハイで感じたのと同様、技術の上達度のみならず、立居振舞、脚下照顧など、とてもよくできていたと思います。▼忘れてならないのは、出場拳士だけでなく、そのバックアップ体制です。どの大会も地元都道府県連盟、大学、高校、中学の各連盟の所属長、拳士、保護者のスタッフの絶大な全面協力があってのことです。▼そして、いま大

全日本少年少女武道(少林寺拳法)錬成大会

学合宿が始まっています。小・中・高・大と確実に可能性の種子が育っていることを実感しています。そして、このまま限りない夢に向かって挑戦し続けてほしいと願っています。
▼最後に、これらの大会、合宿が、この夏の最高の思い出になって欲しいと思います。

　以下、拳士から寄せられた声を掲載します。

【篠崎絢香】（東京都豊島区・中1）

　「少林寺拳法を始めてよかったこと、嬉しかったこと」（平成28年10月）
　1つ目は、学校以外の場所（道場）で、同年代の子から5歳くらいの子までたくさんの友達に会うことが出来て本当に嬉しかったです。水飲み休憩の時も、いつもいつも遊んでいてとてもにぎやかです。
　2つ目は、努力しようと思う力がとてもついたんじゃないかなと思います。少林寺拳法を始める前の私は、出来ないと思うとすぐやめてしまったり、努力しようという思いがときには、めんどうくさいと思ったこともありました。でも少林寺拳法で道場の人たちと修練して行く中で、もっと技が上手に出来るようになりたいと心から思い、先生がやっている技を見て、めんどうくさいし、出来ないなどで諦めるのではなく、やってみたい、出来なかったら頑張ろうなど努力しようという思いがだんだんとついてきたことです。
　3つ目は、試験の修練をしているときに、たくさんの有段の方々がとても丁寧に細かく教えてもらうことができて勉強になることがたくさんあって嬉しいし、いろいろな体格の人とやるのでそういうところも勉強になることです。
　4つ目に、大会など人の多い場所でやることになった時に、いつも通りの技をやるよりも自分の全力が出せるように、先生にたくさんのことを聞いて、こうした方がいいなど

自分でも考えながら修練し、自分がやってきたことを生かせるように、自信をもって何かをなしとげようとする力がついてきたことです。

【門谷優子】（大阪府柏原市）

「七転び八起きのだるまさん」（平成27年12月）
　1年前の10月に、初段の試験を受けましたが、おもいっきりパニックになり、残念な結果でした。今年の2月、試験の1週間前で、走ってこけてしまい、右手首を骨折です。1ヶ月の入院とリハビリをして、6月に3度目の挑戦をしようとしましたが、痛くて諦めました。
　8月に骨折した所のボルトを取りましたが、私の車が追突されてショックを受けたり、いろんな事がありました。11月に吹田の体育館で、やっと合格できました。
　入院している間に筆記や漢字を勉強して、先生や先輩に教えて頂きますが、すぐに忘れて、何回もくり返し、やっと合格できたのです。「基礎の構えが大切だ」と審査の先生に教えて頂き、これからがスタートです。68歳ですが、子供達と一緒に楽しく頑張っています。

【山本由佳】（兵庫県明石市）
（「2015年全国大会」における優秀弁論から）

「現代社会における少林寺拳法の人づくりの意義」
（2015/11/15）
　現代社会において我々はどのような人づくりを行っていけばよいのだろうか。私の道場にA君という青年がいた。彼は入部当初ひ弱な感じで学校でもいじめにあっているようであった。果たしてこの子は少林寺拳法を続けて行けるのだろうかと心配だった。しかし、A君はどんどん表情が明るくなっていった。大きな声が出せるように変わった。道場

で友達もできた。技がうまくできるようになると褒められるようになり、少しずつ自信が付いたのではないだろうか。また友達ができたこともプラスされ、心が強くなっていったのだろう。今A君は遠い場所で一人学校生活を送っている。長期休暇になると家に帰る前に道場に寄ってくれたりする。それは私たちにとっても喜びとなっている。A君にとって道場はいろいろな年代の仲間が集う秘密基地のような存在ではないだろうか。私は、A君のおかげで現代社会において道場のような有意義な癒しの空間と、心の支えとなってくれる仲間づくりが必要であると実感できた。最近では、親が子供を虐待する、反対に子供が親を殺すという悲しいニュースもたびたび伝えられている。ストーカー被害の事例も多く聞かれる。多くの人はストレスを抱え、自らの命を断つことも多くおこってしまっている。これらの問題は人と人との関係が希薄となり、上手く心も身体も交流が持てないために起こっていると思う。このような現在社会における問題点を解決する鍵が少林寺拳法における人づくりであると思っている。

　我々少林寺拳法は、「拳禅一如」肉体と精神を片寄らせないで修行する。体と心を片寄らせないで強くすることで、しっかりとした自分を作り自信をつけることができる。自分がかけがえのない存在であるということを自覚し、他人のことも大切に考える人になることを目的としている。また「組手主体」必ず二人一組で修練を行う。それは自分も上手くなるが相手も上手くなれよという考え方である。二人一組で距離を考え、手を握り合うことで他人のことを思いやれる人を育てることが可能である。ぬくもりを身体と心で感じ、命の大切さを学ぶことができる。少林寺拳法の人づくりは自分自身に自信をつけ、相手のことを思いやる人づくりで具体的に何をすればいいかが明白である。「半ばは自己の幸せを半ばは他人の幸せを」世の中の人全てが実践できれば現代社会にある問題点がかなり軽減するだろう。

また、少林寺拳法の人づくりは、道場の中だけではなく社会の中でも実践することが可能である。私は、派遣社員としてある企業で勤務している。職場では私より若い社員が大半である。仕事以外のコミュニケーションもとりながら年代はかなり違っている。友達や親や上司には相談できないような話もよく聞かせてもらっている。例えば、結婚相手の親にあいさつに持っていく手土産はなにがいいかなど。そうした会話をすることで、居心地のよい職場となっている。このような環境で相手に寄り添いお互いを尊重しあうことが、いい影響を与えあう。信頼されているという自信がつき、強い自分になっていく。何か困難なことが起こっても、仲間と協力することで問題点を乗り越えることができる。現在社会において少林寺拳法の人づくりの意義は、居心地の良い場所をつくり、人間関係を豊かにすることで希薄な人間関係を改善することだと思う。我々は、少林寺拳法というすばらしいシステムを使い、勇気と慈悲心と行動力のある指導者を育成するという人づくりを行っている。私は微力ではあるが宗道臣先生の志を引き継ぎ、少しでも私の周りの道場や職場や家庭が居心地のよい場所になるよう努力し、人づくり仲間づくりを行っていきたい。

【コラム④】　　杖道(じょうどう)について

　私は日本人によく趣味や研究分野について聞かれます。そうした時に、日本武道だと返事をすると、皆に、「何の武道ですか？」と聞かれます。「空手道の方が長いけど、杖道もしています」と答えると、ほとんどの人に「何それ？」または、「マークさん、発音が悪いよ。ジュウドウと発音するんだよ」と言われます。明らかに、日本人にさえ日本武道の一つである杖道は、あまりよく知られていません。それで、ここで杖道のことを少し紹介させていただけることを嬉しく思います。

　杖道の「歴史」については、未確認のこともかなりありますが、一般的に次のような説明が認められているでしょう。杖道（杖術）は17世紀の初期に一人の武士により考案されたものです。その武士は夢想権之助という名で一番よく知られていますが、本名は平野権兵衛だと思われています。

　夢想は、天真正伝香取神道流ともう一つの古流武術を学んだと言われています。その後、江戸に行き、色々な有名な剣客と試合をしましたが、一度も負けませんでした。しかし、ある日、宮本武蔵と試合をし、敗れたのです。以来、夢想は大変な修行をし、ある時点で現在の福岡県太宰府市にある宝満山に行き、そこの竈門神社で37日をかけて祈願しました。そして、満願の夜、夢の中に幼い子供が現れ、「丸木をもって、水月を知れ」という神託を伝えました。そこで、夢想は当時の太刀より長く、6尺棒より短い、新しい丸い木の武器を作り、その使い方を色々と工夫しました。この「杖」は普通の長い棒より操りやすい上に、突けば槍、打てば棒や太刀、払えば薙刀のように使うことができます。また、多くの武器と違って両方の端が使え、さらに手の位置の調整によりどんな間合いでも有効的に戦える武器です。疑う人が

多いかも知れませんが、伝説によると、新しい武器と武術を以て、夢想はもう一度武蔵と試合をし、今度は勝ったかあるいは、引き分けになったのです。とにもかくにも、この真道夢想流という新しい武術を考案した後、夢想は福岡藩に定住し、武術の師として抱えられ、その流派は藩外不出の御留の武術になったと言われています。

　夢想の武術は、福岡で代々伝わり、その間にいくつかの変化がありました。例えば、流派内の事情に伴い、「真道夢想流」が「新當夢想流」と改称され、さらにその後、現在の「神道夢想流」になりました。また、別の武術（一角流十手術、一心流鎖鎌術、一達流捕縄術、内田流短杖術等）が併伝武術になりました。

　歴代の師範が継承していき、24代師範は白石範次郎（1842-1927）でした。白石には、高山喜六（1893-1938）、清水隆次（1896-1978）、乙藤市蔵（1899-1998）という高弟がいました。白石範次郎が86歳で没した後、その家族が転居することになり、自宅にあった皆の道場がなくなりました。そのため、1929年に高山喜六の家の裏にある物置が改造され、高山が師範、清水隆次が副師範、乙藤市蔵他五人が教師である「福岡道場」が設立されました。このうち清水隆次は、翌年の1930年に杖術を普及させるために東京へ転居し、乙藤市蔵が福岡道場の副師範になりました。1938年に高山喜六が46歳くらいで急死した時、乙藤が道場の師範になりました。

　高山喜六と乙藤市蔵も杖術の普及を目指して色々と活動しましたが、25代師範になる清水隆次の活躍には特に著しいものがありました。その活動は枚挙にいとまがありませんが、高山や乙藤等と共に行った多くの演武（重要な機会での演武も含む）の披露、警視庁、警察大学、柔道の講道館、海洋少年団、一般市民が参加できる道場等、様々な多くの場所での指導や監督、外国（満州、アメリカ、マレーシア）での指導、杖愛好者の2つの組織の設立における中心的な役割

等があります（1940年の「大日本杖道会」の創立時から「杖術」が人間形成の要素をより強く表す「杖道」と呼ばれ始めました）。

　普及の過程において、1931年の終わり頃に、清水隆次はその当時までなかった集団指導を行うために、神道夢想流の形の中から基礎的な技を抜き出し、現在の全日本剣道連盟（全剣連）杖道の基本12本の原型となった基本技を仕上げました。1956年には清水が率いていた組織が全剣連に加入し、その傘下団体となりました。その後、全剣連の中に清水隆次や乙藤市蔵を中心に、12年間もの間、「私的特定流派に偏しない、かつ、普及に適した杖道のあり方」（松井、2006、24）を検討する杖道研究会が設けられ、1968年に全日本剣道連盟杖道形12本が制定されました。基本的に神道夢想流の60本以上の形から抜き出したこの12本は、人口が最も多い杖道である全剣連杖道の現在の形の原型となりました。その形の制定を契機に、清水隆次は同じく1968年に全剣連に属して活動することにし、自分が率いていた組織は解散しました。

　既述のように、1938年に高山喜六が没した後、乙藤市蔵が福岡道場の師範になりました。以降、清水隆次は東京を中心に、乙藤市蔵は福岡を中心に、長年活動しました。乙藤市蔵が教えた神道夢想流は師匠の白石半次郎に教わったものと同じだったようですが、清水隆次はその技や形の変更を行い、指導しました。その大きな二つの理由は、普及のためと剣道から影響を受けたことだと言えるでしょう。

　大きく簡単に分けると、現在も、古流である神道夢想流には、福岡の流れと東京の流れがあります。また、現代武道である全日本剣道連盟杖道も今も健在です。他にも日本杖道の流派がありますが、神道夢想流と全剣連の杖道が最もよく知られており、稽古する人口も多いです。これらを学びたい人は、ほとんどの場合、全剣連杖道で始め、あるところまで進んでから、もし興味があれば、古流の神道夢想流も始めま

す。全剣連の杖道のみに専念する人もいます。

　全剣連杖道を学ぶ人は、まず、「単独動作」から始めます。これは、杖道の基本12本の一人での練習です。次に、木刀を持っている相手に向かい、同じ12本の活用の練習である「相対動作」を行います。三番目の段階は形の練習です。杖道の形は、二人で行うものですが、もちろん一人での練習もできます。杖の技のみならず、形の「太刀」の側も覚えなければなりません。初心者以外の稽古時間は、主に既述の12本の制定形の練習に費やされます。神道夢想流杖道の稽古の場合も形の練習ですが、より複雑なものや難易度がより高いものを含む60以上の形があります。

写真　杖道の形の練習1　　　写真　杖道の形の練習2

　全ての武道について言えることでしょうが、杖道の稽古を通して得られるものが多くあります。肉体的な面では、姿勢、耐久力、柔軟性、体の強さ等が向上します。精神的な面でも利点が少なくありません。例えば、杖と木刀の技や形をきちんと覚え、絶えず上達し続けるには、相当な努力、集中力、忍耐力や粘り強さが必要であり、稽古を通してそれらが養われます。また、杖道の二人で行う形の練習は、協調性や人に合わせる能力を育てます。「仕杖」の人と「打太刀」の人とのタイミング、スピード、入れる力、間合い（お互いの距離）等が合わなければならず、二人ともそのように留意しなければなりません。

　さらに、寸止めで行われる形ではありますが、相手がか

なりのスピードや力で切ったり、打ったり、突いたりしようとするのに対し、自分も守ったり、攻めたりしようとすると、普通の人は心ならずも気持ちが高ぶり、落ち着きがなくなってしまいます。杖道を学んでいる人は、そうした気持ちをなるべく抑えるように心がけ、平常心という心の有り様を学んでいきます。最後に、言うまでもないことかもしれませんが、一般に武道では礼儀が極めて重要で、重視されます。もちろん、杖道でもそれは同じで、稽古する人の日常生活にも望ましい影響を与えていると言えるでしょう。

主な参考文献

乙藤市蔵、「杖道普及にかけた一生」：杉崎寛著、『杖で天下を取った男』、あの人この人社、1998 年、pp.1-7.

塩川寳祥照成、『神道夢想流杖道』、気天舎、2012 年.

中島浅吉・神之田常盛・清水隆次監修、『神道夢想流杖道教範』、日貿出版社、1976 年.

松井健二、「神道夢想流杖術の全貌」、秘伝武術　前編 6、1991 年、pp. 32-43 & 後編夏、1991 年、pp.78-89.

―――、『杖道入門 ― 全日本剣道連盟杖道写真解説書』改訂版、体育とスポーツ出版社、2006 年.

―――、『天真正伝神道夢想流杖術』、壮神社、1994 年.

Muromoto, Wayne. "Muso Gonnosuke and the Shinto Muso-ryu Jo." Furyu 23 Feb. 2001
　〈http://www.furyu.com/archives/issue2/Muso.html〉
　改訂版〈http://www.koryu.com/library/wmuromoto1.html〉

第 9 章

武道をどう生きるか

　昭和62（1987）年4月、日本武道協議会は、日本武道の目指すべき道として「武道憲章」を制定しました。これは、柔道、剣道、弓道、空手道、相撲、合気道、少林寺拳法、なぎなた、銃剣道などの日本武道協議会加盟団体の共通認識です。「武道憲章」第一条は、「武道は、武技による心身の鍛錬を通じて人格を磨き、識見を高め、有為の人物を育成することを目的とする」としています。つまり、日本武道協議会加盟団体は、人格形成をするための修業の方法として、武道を考えています。かつて立派な日本の武道家たちは、終始一貫礼法を守り、技術のみに偏せず、心技体をともに練る修行法として武道を行っていました。さらに彼らは武士の「徳行」を生活の中で実践しようと努力しました。ここでは、何人かの日本の武道家を取り上げ、武道精神をどのように実践すべきかについて述べます。

1. 嘉納治五郎の実践

　嘉納治五郎（1860-1938）は周知のとおり、講道館柔道の創始者であり、日本のスポーツおよび教育分野の発展や、日本のオリンピック初参加に尽力するなど、明治から昭和にかけて日本におけるスポーツの道を開いた柔道の父、あるいは日本の体育の父として知られています。

　明治15（1882）年5月、江戸の名ごりをまだ残していた東京の一隅で、東京大学の哲学選科生、弱冠23歳の嘉納治五郎は、仮住まいの小さな寺の書院一間を道場にして、わずか9名の弟子たちと共に日本伝講道館柔道を創始しま

した。何事にもその始まりは小規模なものですが、わずか9名からスタートした講道館柔道は、今日ローマ字で「JUDO」と表記され、世界、199か国・地域（2007年9月IJF総会）にまで広がっています。

　嘉納は、勝海舟（1823-99）や福沢諭吉（1835-1901）が咸臨丸で太平洋を横断し、時の大老井伊直弼（1815-60）が桜田門外で殺害された幕末動乱の年の暮れ、万延元（1860）年、名字帯刀（太刀を帯びること）を許された豪商の家に生まれました。そして、明治、大正、昭和とまさに近代日本を生き抜き、日中戦争勃発（1937）の翌年、国家総動員法が公布され臨戦体制に入ろうとする昭和13（1938）年、幻となった第12回東京五輪の誘致成功の帰路、太平洋上氷川丸船内で没しました。

　嘉納の人物像について、友添氏は「幕末様々な形で欧米に留学し、維新後、明治新政府を樹立した下級武士階級出身の明治の元勲たちにみられる強烈な上昇志向や権力志向はほとんどみられない。むしろ、欧米列強に伍して帝国主義化していく時代状況の中にあっても、立身出世もものかは、どこかコスモポリタンで自由人の匂いさえする」といっています。つまり、嘉納はとても謙遜な人で、どこかに偏らない自由な考え方の持ち主でした。

　嘉納が柔道を通して編み出した哲学や思想の底には日本の伝統的な武道思想があります。その考え方をどこからくみあげたかについて少し説明します。

　友添氏は「嘉納は自ら、文明開化の明治のはじめ頃を回顧して、『諸流の師範に会うたびごとに、色々話を聴き、又は互いに伝書だの口伝だのの交換をして得た所は多かった』といい、『又当時は、往来にある出店だの、古道具屋などに、諸流の伝書が幾らも売物に出て居たから、見当たり次第に、それら買い求め、それらについて自分が直接に学ばなかった諸流のことを知ることができた』」といっています。つまり嘉納は、幕末から維新にかけての武道家から直接、あるいは伝書などの古文書を通して、人格の完成を最終目標とし、そこに至る手段として身体活動（稽古）を位置づける人格陶冶の方法を学んだのです。

　それでは彼は、日本の伝統的な武道思想から具体的に何を学んだでしょうか。私は、「事理一致」という日本武道の思想体系を学んだのではないかと思います。「事理一致」とは、事（技、技能、理論）にも理（心、精神）にもこだわ

らず、共に修行することを意味します。そもそも事理という概念は、仏教の『華厳経』に由来するものですが、臨済宗の僧侶沢庵宗彭は、それを日本の武道哲学として取り入れました。日本の武術を武道として昇華させるきっかけとなったといわれる沢庵宗彭の書簡『不動智神妙録』は、この「事理一致」が中心思想になっています。沢庵は、「修行」というのは、次のように、2つあるといっています。

> 理の修行、事の修行ということがある。
> 理とは右に述べたように、行きつく所に至れば、何ごとにもとらわれないことで、ただ心の捨てよう如何である。くわしいことは、すでに書き記した通りである。
> ところが、事の修行をしなければ、道理ばかり知っていて、手も身体も思うように動かすことができない。事の修行とは、兵法でいえば、五つの身の構えなど、さまざまな稽古のことである。
> 理がわかっても、技が身を自由に働かせなければならない。反対に、太刀の扱いがどんなに上手でも、理の極まる所を知らなくては、技を生かすことができないのである。事と理は車の車輪のように、二つそろっていなければ役に立たないものである。（鎌田、p.78）

つまり、武道の修行においては、事（技、技能、理論）にも理（心、精神）にもこだわってはいけないことを戒めています。沢庵が示した「事理一致」は、その後、多くの武道伝書に受け継がれていきます。たとえば、直心流柔術の伝書『無明住地煩悩諸佛不動智（柔道の部）』（寺田満英が延宝2（1674）年8月に櫻井孫九郎へと送った伝書で、15項目で構成されている）にもほぼ同じ内容の事理一致論が書かれており、柔術の修行においても事（技、技能、理論）にも理（心、精神）にもこだわってはいけないことを戒めています。

それでは、嘉納は「事理一致」をどのように展開したのでしょうか。まず、嘉納にとって柔道の修業や稽古は、当初から終始一貫して人格の完成に至るための方法・手段であり、形式陶冶の対象でした。嘉納は事（技、技能、理論）と理（心、精神）の併合した世界を強調しています。

嘉納が生きた時代は、帝国主義が世界を支配していた時期で、体育や身体

運動も兵士の育成（事中心）として捉えられていた時代でした。また、当時の日本の柔術は、攻撃防御の技術を中心としたものでしたが、嘉納が柔術から継承したものは攻撃防御の技術だけではなく、日本の武術の「道」の思想性を直接柔道に引き継ぎました。つまり、事（技、技能、理論）の修得や勝利至上主義が独り歩きしていた当時の柔術に問題意識を感じていた彼は、日本の武術の「道」の思想体系から「事理一致」を学び、柔術は人格陶冶を目的とするべきであることを提唱したと考えられます。当時、流行していた思想から考えると、嘉納の考え方は時代に逆行するものであり、革命的なものでした。そのため、嘉納が目指す柔道は、当時の既存の武道家にとって理解し難いものだったでしょう。

　続いて、「事理一致」という考え方が柔道の学習内容にどのように影響を与えたのかを考えてみましょう。

　当時の他流の柔術の多くは形の模倣が中心で、特定の形、つまり、自分の流派の形の修得にこだわって、他流の形を学ぶことは許されなかったのです。そのような雰囲気の中、嘉納は起倒流から学び、自由に技を掛けあう「乱取り」を考案しました。嘉納治五郎が「乱取り」に着目したきっかけは、友人、本山正久の父、本山正翁の紹介で起倒流柔術の達人、飯久保恒年の教えを受けてからです。飯久保を通して嘉納がはじめて接することになった起倒流は、もともと投げ技にすぐれ、また他流の多くが形の稽古に重点を置いていたのに対し、自由に技を掛けあう乱れ稽古、つまり乱取を重視していました。これまで天神真楊流を学んできた嘉納は、起倒流に新鮮な驚きを感じ、これを熱心に学び乱取りを生み出しました。「乱取り」という考え方は、今の時代においては当たり前のことですが、当時の柔術界にとっては物事の見方が180度変わってしまう「コペルニクス的転回」だったでしょう。つまり、「乱取り」の考案によって、形に拘束されず、相手との自由な攻防ができるようになりました。そして、学習者の学習難易度に応じて、形の整備・再編・創造を自由に行うことができたのです。

　このように、従来の考え方に拘束されず、よいところならば流派や国に拘束されず学び、受け入れる、どこかコスモポリタンで自由人の匂いさえするこ

の考え方は、どこから来たものでしょうか。それは日本の伝統的な武道思想から来たのではないか、と思います。沢庵宗彭（1573-1645）禅師が日本武道に示した事理一致は、『華厳経』や『金剛経』から直接インスピレーションを受けています。潜水艦が魚からインスピレーションを受けていることや、飛行機が鳥からインスピレーションを受けていることを考えれば理解できると思います。その考え方は、剣術の柳生宗矩（1571-1646）や直心流柔術に受け継がれ、後の武術界に甚大な影響を与えました。つまり、江戸初期、武道伝書に取り入れられた革新的思想の一つが「事理一致」だといえます。

　嘉納の自由で斬新な考え方は、事理一致論的な考えですし、彼は日本の伝統的な思想体系を受け継いでいるといえます。「事」（技、技能、理論）にも「理」（心、精神）にも拘束されず「これだ、あれだ」と断定せず、すべてを受け入れる可能性をもつ考え方こそが日本武道の伝統的な考え方です。

2. 高野佐三郎の実践

　次は、高野佐三郎（1862-1950）について言及しましょう。高野佐三郎は、一刀流の系譜の一つである小野派一刀流から出た中西派一刀流の達人で、大日本武徳会の剣道師範を務めた人物です。高野は明信館道場（のち修道学院）を設立し、多数の剣道家を輩出しましたが、その中には朝鮮半島から来日した武道家（韓国人）もいました。大正10（1921）年11月、姜樂遠（カンナグゥン）により朝鮮最初の朝鮮人武道場である「朝鮮武道館」がソウル（苑洞）に開設されますが、姜樂遠は高野に指導を受けた者でした。つまり、高野は人を差別せず受け入れて教えたのです。

　高野は、大正4（1915）年、『剣道』という本を出版していますが、最初のページから一刀流の流祖伊藤一刀斎の挿入絵が載っています。また『剣道』には附録として沢庵宗彭の書簡『不動智神妙録』や宮本武蔵著『五輪書』を載せています。さらに本の内容からはどこか沢庵が示した「事理一致」の影響がうかがえます。つまり、昭和の剣聖と称された高野佐三郎からも事（技、技能、理論）にも理（心、精神）にもこだわらない心が感じ取れます。また人種や

国、あるいは他流や他分野を差別せず受け入れようとする広い心が感じられます。

3. 野間清治と野間道場

　野間清治（1878-1938）は、日本の大手出版社の一つである講談社の創業者で、昭和時代前期の出版界を牽引した人物として知られています。野間の父・野間好雄は、北辰一刀流の剣豪森要蔵の高弟で、野間清治の母・ふゆは森要蔵の長女でした。
　このように一刀流系譜の家に生まれた野間は自然に剣道の世界に入門し、剣道に励みましたが、大正元（1912）年、東京帝国大学での稽古中アキレス腱を切る怪我を負い、剣道修行の道を断念せざるを得なかったのです。その後、出版社を建てた野間は、会社の屋敷内に野間道場を開設し、持田盛二（1885-1974剣道十段）を始め、当時の有名剣道家を歓待するとともに、会社の全社員に剣道を奨励するなど全人教育として剣道の普及に努め、「剣道社長」と呼ばれました。私が注目したいのは野間が開設した野間道場の哲学です。
　野間道場は、開設以来、国籍や流派を問わず多くの武術家が互いの心技を研ぎ合える場を提供し、現代剣道の発展に大きく貢献した剣道の聖地ともいえる場所です。野間が生きた当時の剣道界は、派閥意識が根強く他の道場に行って稽古することは稀だった時代です。そのような中、野間は、派閥を越えた考え方で、野間道場を日本中の剣士に開放しました。もし剣道界が他流との交流を禁じ派閥意識を持ったまま発達していったら、今日の「国際剣道連盟」（1970年設立）は先送りされたはずです。そのような意味で野間の「野間道場」の哲学は、嘉納の「乱取り」に匹敵するものです。野間道場の哲学は野間の哲学に基づいたものですが、その原点をたどると日本武道の思想を受け継いだものです。野間佐和子は祖父野間清治の人生哲学の根幹は剣道にあるとし、「野間清治伝」より次のように述べています。

　　　武の目的は平和にある。　人と和し、天と和す。大なる此の調和が武の徳であ

る。（中略）一部は一部として完成し、全部全身が我が心のままに渾然として最善を尽すと同時に、ことごとくが、一致協力して、初めて立派な太刀となる。（中略）これ渾然一体（講談社の社是となっている）の和の力、即ち瞬息、心気力の一致によるものである。『一部と全部』の理法常にこれなるかなと感嘆するのである」そして「剣道の教えは、剣のみに止まらず、万法一法、実は世上百般の教えに通じている」即ち「剣道のすべてが、真に人間完成の至上道であることに気づくであろう」と説いています。

野間清治は剣道を修業の道とし、剣道によってもたらされる大調和の世界を追い求め、武の徳を広く説こうとしました。

野間清治の考え方は、どこか嘉納治五郎や高野佐三郎の考え方と似通っています。野間がいう「万法一法」や「渾然一体」などは、「事理一致」を思い出させる用語です。野間の父が北辰一刀流を学び、同じく北辰一刀流の持田盛二を野間道場の師範として招いた流れから考えると、野間の哲学にはどこか「事理一致」の匂いがします。

以上のように日本の武道思想を正しく受け継がれた人は、特定の考え方に拘束されず、様々な考え方と融合し、学び合い、そこから新しい考え方を生み出しています。

日本の武道伝書の教えからは学ぶものが多いです。中学校において武道が必修化された今日、武道の理（心、精神）をどう教えるかは喫緊の課題ですが、その解決策は、日本の伝統的な思想体系や日本の武道家たちの行き方にあるのではないかと思います。

4. 武道精神と野球

話題を変えて、野球の話をしましょう。平成24（2012）年10月「日刊スポーツ新聞」に面白い記事があったので紹介します。「2012年度 Go for the Top 熱くなれ！」をスローガンとして戦った阪神タイガースが、5位に低迷した結果を重く受け止め、若手育成の特別講話として、若い選手たちに「日本刀トレーニング」を始めたという記事が掲載されました。

プロ野球と武道が何の関係があるのかと思われる方もいるでしょう。昭和39（1964）年、王貞治氏が現役時代に日本刀を用いて素振りの練習をして、一本足打法を確立したというエピソードは有名です。その後、日本刀トレーニングは「王イズム」と呼ばれ、平成7（1995）年には千葉ロッテマリーンズが日本刀トレーニングを行いました。そして、この年には阪神が選手たちに日本刀トレーニングをさせるということでありますが、いったい、日本刀トレーニングから何を得て、プロ野球に結び付けようとしているのでしょうか。もちろん、野球選手に剣道や居合道をやらせることではありません。新聞記事によると、阪神の日本刀トレーニングの指導者として招かれたのは心身統一合氣道会の渡辺富夫師範です。渡辺は秋季キャンプに同行し、指導期間中選手たちに日本刀を用いたトレーニングをしました。渡辺氏は「水に浸したわらを切る。理屈よりも（わらを）目の前にして日本刀を構えて。2本くらい（わらを）切らせて、打撃をさせると、ゴチャゴチャ言わなくても、スッと変わる。心を鎮めないと、わらの間を（刀が）抜けませんから」と語っています。

　ここで、渡辺氏が日本刀を用いて、わらを切る練習をさせる狙いに注目する必要があります。渡辺氏は「心の領域まで踏み込まないと一流になれない」と語っています。

　つまり、渡辺氏が野球選手らに教えようとするのは武道の心です。心が落ち着かないと普段できたことができなくなるからです。「平常心」の重要性は具体的な例をあげなくても、われわれの経験からよく分かることです。家庭内に問題を掲げている選手は、その問題からなかなか解放されないはずです。一流選手がいきなり今までの事ができなくなる場合、心に問題を抱えている時が多いのです。

　何事にも同じでありますが、野球においても相手の心の先を読む者が有利です。一方、自分の心をすっきりさせずに相手の心を読むことは難しいはずです。なぜなら、自分の心は相手を写す鏡であるからです。武道では「明鏡止水」の心を強調しています。あたかも磨かれた明らかな鏡には、すべての物がそのままに映されるものです。また月がその影をそのまま水に映し、水もまたそのまま月を映す、これは何れも無心であるからお互い何のためらいもなく有りのま

まの姿を映すことができるのです。「明鏡止水」とは、このような無心の状態の境地に達した状態をいいます。変化する相手に対応できるためには、きれいな鏡や清い水のように邪念や欲がない清い心、つまり無心を維持しなければなりません。

　野球は「九回裏からだ」といわれます。「もう勝った」と思ったのに逆転されてしまうこともしばしばあります。「もう勝った」と思ったのになぜ負けてしまったのでしょうか。相手は「真剣勝負」をしたからです。「真剣勝負」は、本来武道の用語です。しかし、今日では武道やスポーツだけではなく、いろんな分野で使われている用語です。「真剣勝負」の辞書的な意味は「本気で勝ち負けを争うこと。また、本気で事に当たること」ですが、日本武道における「真剣勝負」にはもっと深い意味があります。佚斎樗山著の『猫之妙術』(1727)は、「真剣勝負」でかかって来る相手には勝てないといっています。その例として、『猫之妙術』は追い詰められた鼠の話を、次のようにしています。

>「窮鼠かえって猫をかむ」ということもある。窮鼠は必死になって頼るところがない。生きることも欲も忘れ、勝ち負けも考えない。自分の身を無傷で守るという気もない。だから、その意思は鉄の如く堅い。このような者がどうして気勢に負けることがあろうか。（金ほか、p.39）

　この話とは、追い詰められた鼠が猫に噛みついて、驚いた猫が逃げてしまう話です。本来ならば、不可能なことです。

　しかしながら、なぜ、このようなことが起きたのでしょうか。『猫之妙術』は、追い詰められた鼠の心の状態から説明をしています。鼠はもうこれ以上行くところがなく、生きることはもう不可能だと思っています。だから死ぬことさえ忘れ、一生懸命、相手に向かって行くことができたのです。つまり、鼠の心の状態は「空」あるいは、「無心」になっていたのです。そこで、鼠は跳躍しますが、鼠は猫を噛むことも考えず体の本性に導かれて猫に噛みついたのです。これが武道の世界がいう本来の「真剣勝負」です。渡辺師範が日本刀トレーニングを通して阪神の若手選手らに何を教えたのか詳細なことは分かりませんが、その内容は日本の武道精神が語る「真剣勝負」「事理一致」のことで

あったと思います。

参考文献
広光秀国、『剣道必携』、日本剣道新聞社、1974、p.183.
井上俊、『武道の誕生』、吉川弘文館、2004 年、pp.11-8.
鎌田茂雄、『禅の心　剣の極意 ——「沢庵の不動智神妙録」に学ぶ』、柏樹社、1987.
金炫勇・矢野下美智子、武道における「事理一致」に関する一考察 —— 華厳宗思想に着目して ——、広島文化学園短期大学紀要、47、2014、pp.37-46.
金炫勇・金釘撒、『猫之妙術』を読む —— 武道伝書の活用に着目して ——、広島文化学園短期大学紀要、49、2016、pp.35-48.
金炫勇、『一刀斎先生剣法書』を読む、広島国際大学総合教育センター紀要創刊号、2016、pp.115-150.
講談社剣道部野間道場道好会編集、『野間道場のしおり』、講談社剣道部野間道場道好会、1997 年、pp.1-16.
日経スポーツ、2012 年 10 月 29 日付.
社団法人大韓剣道会、『大韓剣道会五十年史』、社団法人 大韓剣道会、2003 年、p.67.
杉本厚夫編・友添秀則、『体育教育を学ぶ人のために』、世界思想社、2001 年、pp.224-44.
スキージャーナル株式会社、剣道日本、スキージャーナル株式会社、2007 年、7 月号、pp.97-117.
高野佐三郎、『剣道』、剣道發行所、1915 年.
全日本柔道連盟ホームページ、国際柔道連盟（IJF）について
　（http://www.judo.or.jp/p/17296、2017 年 2 月 27 日参照）

おわりに

　この度は、武道を専門とされる先生方に、本書の目的である武道の持つ教育的な意義、さらにはそれぞれの武道が持つ特色や歴史、基本的な技術など、幅広くご教授、ご解説を頂き心より感謝いたします。
　日本人の魂に宿る武道の精神に今一度目を向け、我々は、世界に誇れる文化的、教育的、技術的な価値とその素晴らしさを誇りに感じ、これからも継承、発展させていく必要性を感じました。
　本書が、グローバルな社会になった今日だからこそ、武道を通して、我々日本人に必要なアイデンティティーを確立する道しるべ的なものになることを祈念しています。

出口　達也

執筆者一覧

出口 達也(広島大学教授):まがえき、第2章、おわりに
瀬川 洋(広島国際大学准教授):第3章
金 炫勇(広島大学研究員):第1章、第4章、第9章
大川 真弘(大川道場師範):第5章
佐藤 秀幸(一般社団法人少林寺拳法連盟東京渉外担当参事):第8章、コラム③
林 楯夫(広島大学体育会空手道部前監督):第6章、コラム②
金 釘瞰(韓国大邱保健大学校教授):第7章
羅 永一(韓国ソウル大学校教授):コラム①
マーク・タンコシッチ(広島経済大学助教):コラム④

■ 編著者紹介

出口 達也　（でぐち　たつや）
広島大学教育学研究科 教授
教育学博士（広島大学）。専門はコーチ学。全日本柔道連盟強化委員会委員（女子強化コーチ）。著書に『保健体育科・スポーツ教育　重要用語300の基礎知識』『女子柔道論』『柔道コーチング論』（分担執筆）など。

金　炫勇　（きむ　ひょんよん）
広島大学大学院総合科学研究科 ヒロシマ韓国学研究員
教育学博士（広島大学）。広島大学教育学研究科助教を経て現職。専門は武道学。大韓武道学会理事。著書に『猫之妙術の研究』『スポーツ人文学』『現場からみた学校保健』（分担執筆）など。

瀬川　洋　（せがわ　ひろし）
広島国際大学保健医療学部医療技術学科 準教授
筑波大学大学院体育研究科修士課程修了。三井住友海上女子剣道部コーチを経て現職。

武道をたずねて
―武道教育への活用―

2018年2月20日　初版第1刷発行

■編 著 者────出口達也・金　炫勇・瀬川　洋
■発 行 者────佐藤　守
■発 行 所────株式会社 大学教育出版
　　　　　　　〒700-0953　岡山市南区西市855-4
　　　　　　　電話（086）244-1268　FAX（086）246-0294
■印刷製本────モリモト印刷㈱

©PARC 2018, Printed in Japan
検印省略　　落丁・乱丁本はお取り替えいたします。
本書のコピー・スキャン・デジタル化等の無断複製は著作権法上での例外を除き禁じられています。本書を代行業者等の第三者に依頼してスキャンやデジタル化することは、たとえ個人や家庭内での利用でも著作権法違反です。
ISBN978-4-86429-481-2